GUILLERMO GÓMEZ RIVERA

FLOR QUE DEL ORO BÁRBARO DERIVA

Ensayos

Edición de
ISAAC DONOSO

Publicado en Estados Unidos
por Centiramo Publishing
Nueva York, NY
www.centiramopublishing.com • info@centiramopublishing.com

Editor: Isaac Donoso
Consultura artística: Janet Frances White
Diseño del libro: Pierce Centina

ISBN-13 978-1-7347256-4-3
ISBN-10 1-7347256-4-8

Library of Congress Control Number: 2021931933

2 4 6 8 10 12 14 16 18 20 | 19 17 15 13 11 9 7 5 3 1

DEDICATORIA

Dedico este trabajo a Rosa Jiménez y Gayoso de Rivera, mi madre adoptiva, a mi madre biológica, Lourdes Rivera y Celo de Gómez, a mi padre adoptivo y abuelo materno, José Rivera y Rodríguez, a mi hija difunta, María Eugenia Gómez de Lizares y a su esposo Paul Lizares y Trébol e hijos, Iñigo, Saulo e Inez. También lo dedico a mi mujer, Ana María Ordóñez y García de Gómez. Y desde luego, a todos los jóvenes filipinos que ahora hablan español.

AGRADECIMIENTO

Por su apoyo que ya, desde hace muchos años, han venido alentan-do y secundando mis esfuerzos para defender la pervivencia y el reconocimiento debido a los fueros del idioma español en Filipinas: a Pierce Centina, de Centiramo Publishing de Nueva York, hoy mi publicista; al Dr. Isaac Donoso, de Alicante, España, mi amigo, editor y consejero; al Profesor Andrea Gallo, de Venecia, Italia, también mi asesor y promotor desde su silla de las publicaciones de la Colección Oriente. Y, finalmente al gran escritor filipinista, mi amigo don Jordi Verdaguer Vila Sivill de Barcelona.

ÍNDICE

Tambien por Guillermo Gómez Rivera

NOVELA
Quis ut Deus

CUENTOS
Vetusta rúa

POEMAS
Con címbalos de caña
La nueva Babilonia

LIBROS DE TEXTO
Español para filipinos (módulos 1 a 8)
Español para todo el mundo, 2

ENSAYOS
The Filipino State and Other Essays
The Conflict Over Territorial Sovereignty on the Malvinas, Georgias
and Sandwich Islands of the South
La literatura filipina y su relación al nacionalismo filipino

GRABACIONES MUSICALES
Villacincos filipinos y cantos de patria y fe
El collar de sampaguita
Zamboanga hermosa
España en el alma

OBRAS DE TEATRO
El caserón
Por los fueros filipinos
El Armagedón filipino

PREÁMBULO

Se publica en el presente volumen la obra ensayística esencial de Guillermo Gómez Rivera, el principal escritor vivo del archipiélago filipino que sigue empleando la lengua de José Rizal. Si bien las primeras décadas de ingeniería social operada en Filipinas no tuvieron grandes resultados para la imposición de la lengua inglesa —a pesar de que el español desapareció completamente de la enseñanza pública de las islas, siendo sin embargo la lengua de la justicia, de la prensa y de la literatura—, tras el holocausto de la Segunda Guerra Mundial se aceleró la desaparición del castellano como lengua propia del país. En la constitución de 1987, y tras más de cuatro siglos, el español dejó de ser idioma oficial de Filipinas.

Suele ser lugar común asentir la naturaleza de este proceso, la inexorable entropía que debía concluir en la erección de Filipinas como nación angloparlante. Sin embargo, nada de natural tuvo que la población filipina sufriera cuatro guerras en cuatro décadas, que los inocentes niños sólo pudieran escolarizarse en inglés, que se redujera la historia a una división maniquea y se fomentara la leyenda negra. Lo dijo perfectamente Nick Joaquín: *"A people that had got as far as Baudelaire in one language was being returned to the ABC's of another language"*. La fractura cultural es evidente, a los filipinos se les privó de referentes, de los padres fundadores de la patria, de Rizal, de Apolinario Mabini, de Marcelo Hilario del Pilar, de José Palma, de Cecilio Apóstol, de Fernando María Guerrero, y de decenas de escritores que dieron forma a la moderna Filipinas. No obstante, todos los filipinos en edad escolar empezaron a conocer a los clásicos ingleses y norteamericanos.

Guillermo Gómez Rivera es "la caución más fuerte", la voz que con más firmeza ha mantenido y mantiene vivo el *continuum* histórico-cultural de la Filipinas secular, de la Filipinas que no ha sido desorientada, malversada, de su legado. Cosmópolis planetaria entre oriente y occidente, sede de la primera universidad de Asia, de la primera república del Extremo Oriente y heredera de las aspiraciones culturales del clasicismo grecorromano —al tiempo que de la ecúmene islámica—, Filipinas merecía mejor fortuna antes de acabar siendo devorada por el capitalismo y la mano de obra barata.

Los textos aquí recogidos, redactados a lo largo de varias décadas, muestran el pensamiento, la crítica y la reflexión de una de las voces más autorizadas para poder hablar, sin ambages, del devenir social y cultural filipino. La singularidad excepcional de su autor ha sido claramente expuesta por el catedrático Pedro Aullón de Haro en *El ejemplo Gómez Rivera*, Madrid, Instituto Juan Andrés de Comparatística y Globalización, 2018.

Se trata, por lo tanto, de una obra densa, inequívoca, donde muchas de las facetas del vivir gomezriveriano quedan reflejadas: las memorias de una vida filipina vivida en español, los giros propios de la variante filipina de la lengua española, en vías de extinción, las rutas visitando el patrimonio material, ya decadente, la apología de la nación filipina, y la denuncia de la malversación lingüística, y la *Benevolent Assimilation*.

Isaac Donoso

MIS MEMORIAS SOBRE LA LITERATURA FILIPINA

Unos amigos me piden que escriba sobre mis conocimientos en cuanto a la literatura filipina. Buena idea puesto que me veré casi obligado a repasar mi vida temprana y recordar cuando fue la primera vez que escuché la palabra "literatura".

■■■

Pues tendría unos siete años cuando mi madre adoptiva, Rosa Jiménez Gayoso de Rivera, me llamó a su lado para mostrarme un libro que ella estaba siempre leyendo. Me dijo:

—Este libro es la joya principal de la literatura española. Es *Don Quijote de la Mancha* escrito por Miguel Cervantes Saavedra. Es muy divertido…

Y abría una de sus páginas para mostrarme unos dibujos que, más tarde, supe los había hecho un tal Doré.

—Y todas las mañanas me vas a leer algunas líneas… añadió.

Y así sucedió, hasta que mi madre biológica, hijastra de mi madre adoptiva, Lourdes Rivera Celo de Gómez, decidió llevarme a Manila para escaparse de la guerra que había llegado en Iloílo, en 1943, entre los japoneses y los americanos con sus aliados guerrilleros visayos.

El gobierno militar japonés de Iloílo, percatándose del movimiento guerrillero en contra de su autoridad en la provincia y ciudad de Iloílo, declaró la política del "juez de cuchillo", que acuchillaba, con bayonetas suyas, a todo sospechoso pro-americano anti-japonés.

Mi madre adoptiva, Doña Rosa, consintió llorando que me escapara con mi madre a Manila mientras ella y el resto de la familia dejarían la casa en la ciudad de Iloílo, y hasta la casa hacienda en el barrio de Tabugón, municipio de Dingle, situada a unos cuarenta kilómetros de la ciudad, para esconderse en las profundidades de la selva del monte de Bulabog en el barrio vecino de Banog, unos cinco o seis kilómetros, jungla adentro a partir de las granjas, cañadulzales y palayeros del mencionado Tabugon.

Y así, tras un viaje de dos semanas en un batel de vela, llegamos, mi madre Lourdes y yo, al puerto de Batangas y de allí a aguantar un penoso viaje, en un destartalado camión antiguo, que duró casi cincuenta horas, hasta llegar a la misma ciudad de Manila, donde los soldados japoneses dominaban todo.

> *Llovía. La primera vez que vine*
> *a Manila, llovía. Parecía*
> *todo un sueño. Llovía —ver un cine—.*
> *Eso me dijeron. Mas, llovía.*

> *Es el año cuarenta y tres. Manila*
> *siempre estaba mojada; siempre hambrienta;*
> *siempre media desnuda; siempre en fila*
> *por arroz; por un dócar que revienta.*

Al llegar a Manila, era ya muy de noche y llovía además. Entonces mi madre se acordó de una amiga suya de Iloílo que se había pasado a vivir en Manila poco antes de la guerra. Era Felicing Asensio, una criolla de españoles de Iloílo que era muy guapa y que mi madre, por cuentos que había oído en Iloílo, había abierto un restaurante en el barrio de la Ermita en, precisamente, una calle que se llamaba Churruca, próxima a la calle de Mabini, antes Calle Real de Ermita, y la avenida de Isaac Peral.

■■■

El camión destartalado hizo alto en la avenida Taft esquina de Isaac Peral, y allí bajamos ante un grupo de soldados japoneses que nos inspeccionaron lo que llevábamos. Al terminar dicha inspección nos permitieron alejarnos de ellos. Mi madre andó a lo largo de Isaac Peral camino hacia la bahía de Manila hasta llegar a la calle Churruca, donde encontró el restaurante de su amiga Felicing que nos recibió muy amablemente en medio de una clientela de militares japoneses que bebían cerveza y comían pollo frito y tapas de cerdo y vaca. Por el hambre yo también empecé a comer pollo frito y a- rroz blanco y me dormí con mi madre en un cuarto, en los altos del restaurante, ubicada en una casa antigua de los tiempos españoles que se parecía mucho a las casas antiguas de Iloílo. Al día siguiente, mi madre, le habló a Felicing:

—Ante todo, muchísimas gracias por darnos cobijo, pero mi intención es hospedarme en la casa de mi prima hermana, Conchi- ta Levi Rivera de Boquer, que vive en el pueblo de Mandaluyong, Rizal, por eso que me voy a Intramuros a preguntar a unos amigos que me habrán de decir dónde está en Mandaluyong la casa de mi prima, que me espera.

—Está bien Lourdes, pero yo de ti me quedaría aquí en este restaurante. Puedes vivir conmigo y ayudarme en la cocina de este restaurante que, como has visto anoche, tiene mucha clientela im- portante —le dijo muy sonriente Felicing.

—Bueno. Lo voy a pensar, pero tengo antes que verme con mi prima y, si todo va bien, y necesito empleo, volveré a verte —respondió mi madre.

...

Un joven Guillermo con su madre.

Y dimos una vuelta por Intramu- ros para averiguar dónde estaba el Banco de las Islas Filipinas donde trabajaba una cuñada de Conchita Boquer, Amparing Boquer. A pesar de mi edad, admiré lo grandioso y lo bonito que era Intramuros, con sus casonas y palacios, y su famoso hotel, y la panadería *La Mallorqui- na* y su botica *Zóbel*. Ni mi madre ni yo sabíamos hablar en tagalo y tuvimos que valernos del español para hacernos entender. Acontecía que mucha gente ordinaria de la

Ermita hablaba chabacano y al entrar en Intramuros, todos hablaban español, los cocheros de las calesas, los sorbeteros, los chinos en sus tiendas de *sari-sari*, la policía y los niños criollos y mestizos, amén de chinos, que jugaban en la Plaza Mayor y en las calles. Mi madre entró en la catedral, en la iglesia de San Agustín, en la iglesia de los franciscanos, en la iglesia de los jesuitas, en Santo Domingo, la iglesia de los dominicos y en la iglesia de los recoletos. Pero fue en el hospital español donde obtuvo la dirección exacta de su prima Conchita en el pueblo de Mandaluyong. Y pudo comunicarse con ella por teléfono. También pudo comunicarse con una pariente de mi madre adoptiva, Angeling Gayoso (véase página 33 por la foto de ella como artista de película), que también resultaba ser una amiga de mi madre, porque no eran pocas las veces en que venía a tomar sus vacaciones en Iloílo con el enorme clan de los Gayoso emparentados con los Rivera.

> *Tita Angeling. La gran Ángeles. Tita*
> *Ángeles de Gayoso por teléfono*
> *me habló que ella es mi tita, y, me invita*
> *la cantatriz de voz dulce y en pentéfono,*
> *a ver faces, paisajes, sombras y luz*
> *en un cine entre Quiapo y Santa Cruz.*

Tita Conchita Boquer le dijo a mi madre que se quedase un tiempo con su amiga Felicing, porque ella necesitaba un poco más de tiempo para arreglar una habitación para mi madre y para mí, ya que mi madre iba a funcionar como la cocinera de la familia Boquer.

En ese caso mi madre se quedó en el restaurante de Tita Felicing ayudando en la cocina y actuando de despachadora de botellas de cerveza, que devoraban los soldados y oficiales japoneses en aquel restaurante que, a la vez, era un *beer garden*. Como no me gustaba estar siempre en aquel restaurante, le llamaba a Tita Angeling que viniera a por mí para visitar a la hermana de mi madre adoptiva, Carmen Jiménez Gayoso de Levi, que estaba casada con un funcionario de la *Estrella del Norte*, hermoso almacén en la calle de la

Escolta, que se llamaba, Don Alfonso Levy. Descubrí que este Don Alfonso era hermano del marido de mi tía-abuela, María Rivera, casada con Don Fernando Levy, que eran los padres de mi Tita Conchita Boquer.

Y Tita Angeling Gayoso era sobrina de Doña Carmen Levy que, a su vez, como dije, era hermana de mi madre adoptiva, Rosa Jiménez Gayoso de Rivera. Así que Tita Carmen me recibía como un sobrino suyo en su casa en la calle San Marcelino de la Ermita a dos pasos de la Iglesia de la Virgen Milagrosa y convento de los padres paúles. Por eso que Tita Angeling se ocupaba de mí en sus horas libres, porque enseñaba canto en el Colegio de Santa Teresa, que también se encuentra en San Marcelino delante de la iglesia mencionada de los paúles, además de trabajar como artista de cine filipino en español y tagalo. La voz del pájaro Adarna en la película tagala *Ibong Adarna* es la de Tita Angeling. Y ella fue la estrella de la película filipina *Las dulces mestizas*, película producida en Manila por el millonario ylongo, Don Teodoro Benedicto, en 1937, toda hablada y cantada en español.

Así se titulaba la que fue
una de las películas locales
que en español se hablaba. Ya olvidé
quién fue el actor. Mas, son leales
los recuerdos de la que allí cantaba
el vals con la que siempre yo soñaba.

Pues era la gran Ángeles Gayoso
que con un abanico de plumajes
y en traje de mestiza vaporoso
por escalas de mármol y celajes
descendía cantando en español
de "Las Mayas" el vuelo frente al sol.

Dulce, dulce mestiza, predilecta
flor nacida de cítara española

Guillermo con su tía Consejo, su mamá Lourdes (a su izquierda) y su madre adoptiva, Rosa Jiménes Gayoso de Rivera (sentada). El niño es Anthony, su primo. Abajo, Rosa como maestra de flamenco cuando era joven.

en cuna filipina. La perfecta
canción en ti se crea por sí sola.

Tita Angeling conocía a casi todos los periodistas, poetas y literatos de Manila que escribían en español. Entre ellos se destacaban Manuel Bernabé y Jesús Balmori por sus justas poéticas "Balagtasan", que se estrenaban en el *Manila Grand Opera House* y en el Teatro Metropolitano, amén de otros teatros y cines muy concurridos de Manila. Como se prohibieron las películas norteamericanas, la producción de zarzuelas y comedias en español y en tagalo dominaban todas las salas de funciones cinematográficas y de teatro manileñas. Las películas japonesas eran las que se imponían, pero las veladas literario-musicales donde declamaban los poetas Balmori y Bernabé eran muy concurridas. Y es cuando me daba cuenta de lo que era la literatura vivida de día en día.

Pero aconteció que Tita Felicing tenía unos planes para mi madre. Un oficial japonés quería "casarse" con mi madre, porque Tita Felicing ya estaba "casada" con otro alto oficial japonés que le capitalizaba, así lo descubrimos más tarde, en el restaurante bar cervecería que tenía. A mi madre no le parecía cómodo "casarse" con un militar japonés, porque los rumores de la vuelta de los norteamericanos para reocupar Filipinas llegaban con más fuerzas cada día. Además, a mi madre no le parecía conveniente la política japonesa de la "esfera de coprosperidad del Asia" y se despidió de su amiga Felicing.

Carromata, que si no lleva, mata...
En un vehículo ansí viajé
Camino a Mandaluyung. Carromata
que al caballo mermaba... Y lloré.
Del barrio de La Ermita (donde estuve
con mi madre en un bar), por fin salimos.
Bar de cerveza y putas. Allí anduve
con horror de mi madre y de mis primos.
Pues, ocho años íbanme a cumplir,
Y por eso, tuvimos que salir.

Mi madre, sin saber — por una amiga
que la ofreció asilo—, en un bar paró.
La amiga se hizo su enemiga.
Y horas después, tuvimos que marchar
en una carromata con un auriga
pobre en su vestir y parco en su hablar.

Y la guerra terminó en 1945. Los japoneses salieron derrotados. Intramuros fue destruida por bombas norteamericanas. Mi madre y yo nos escondimos con la familia Boquer en San Mateo, Rizal, y al llegar los militares americanos, decidimos volver a Iloílo y allá reanudar nuestras vidas.

Y es cuando reanudé mis relaciones con la literatura, tanto en español como en visaya. Mi estancia en Manila me enseñó a hablar y dominar el tagalo y darme cuenta del uso general del idioma español en mis islas, mi país.

Cuando volví a Iloílo ya tenía diez años de edad.

Manila, 2017

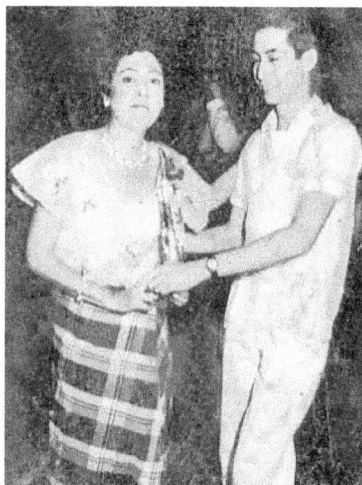

Guillermo bailando con su madre Lourdes Rivera y Celo de Gómez en Iloilo a principios de la decada sesenta.

BREVE BIOGRAFÍA
DEL DR. JOSÉ P. RIZAL

osé Protacio Rizal Mercado y Alonso Realonda fue promociona-
do como héroe nacional filipino por el gobierno de ocupación militar y colonial de Estados Unidos sobre Filipinas a principios de
1900, tras la injusta guerra estadounidense-filipina que resultó en la
destrucción de la República de Filipinas de 1898.

Aunque es indudable que José Rizal tiene relevantes méritos
como escritor, novelista, dramaturgo y poeta en lengua española, el
citado gobierno colonial norteamericano le seleccionó como héroe
oficial para todos los filipinos, no precisamente por esos méritos
literarios, sino porque les serviría, como de hecho les sirvió, como
tema dramático para su propaganda de conquista militar y política,
por haber sido Dr. José Rizal enjuiciado, condenado y ejecutado por
el anterior gobierno español por los delitos de *"asociación ilícita y
rebelión"*.

Acontecía que la invasión de las Islas Filipinas por parte de Estados Unidos fue sumamente escandalosa por su inhumanidad, al
masacrar a más de tres millones de filipinos desde 1899 (cifra dada
por el escritor americano Gore Vidal) y apoderarse después de la
reserva en oro y plata de esta misma República, valorada en más
de mil millones de dólares a la caída de Malolos, entonces capital
de la República Filipina, en manos del Gral. Arthur MacArthur y
sus huestes superiormente armados.

Para ganarse la atención y la buena voluntad de la enfurecida e
indignada población filipina que sobrevivió la masacre de los defensores de aquella primera república de sus mayores, tanto militares
como civiles, el gobierno colonial de Estados Unidos en Filipinas
tuvo que iniciar una sistemática *war propaganda*, utilizándole a
José Rizal para ennegrecer el anterior régimen español mediante la
enseñanza de una reinventada historia filipina, donde se le asigna

el papel de *"libertador de Filipinas"* a los Estados Unidos, de la supuesta opresión política por parte de conquistadores y frailes españoles y de los mismos filipinos que luego organizaron su propia e independiente República Filipina desde 1896.

José Rizal, al verse investigado por el consejo de guerra del entonces gobierno español en Filipinas, se le preguntó si, de hecho, estaba a favor de la revolución en contra de España. Y él, José Rizal, respondió que no. Pero se perdió a sí mismo al añadir, ante dicho consejo, que de hecho no estaba a favor del alzamiento "porque juzgaba faltos de preparación a los alzados que le aclamaban como su caudillo moral". El concejo de guerra concluyó que Rizal estaba verdaderamente a favor del alzamiento. Tan solamente discrepaba del tiempo, del día y de la hora, en que se verificó dicho alzamiento encabezado por la logia masónica del *Katipunan*, palabra tagala que significa "asociación". Por eso, se le impuso la pena capital.

Aunque la propaganda americana le describe a José Rizal como *"el orgullo de la raza malaya"*, su árbol genealógico dice que desciende, predominantemente, de chinos cristianos con alguna mezcla lejana de un noble español por parte de su madre. Sus padres, Francisco Rizal Mercado y Teodora Alonso, habían solicitado ser empleados, aparceros e inquilinos de la Orden de Predicadores (dominicos), que en Filipinas se distingue por ser dueña en la provincia tagala de La Laguna, de una extensa hacienda, cuyo producto venía a sostener las operaciones de la hoy cuatricentenaria Universidad de Santo Tomás de Manila.

La orden dominicana favoreció al matrimonio Rizal Mercado con un primer contrato de arriendo sobre 500 hectáreas de tierra en el municipio de Calamba, Laguna. Poco después, se les concedió de arriendo otras 300 hectáreas más, haciendo un total de 800 hectáreas las tierras que tenían bajo su administración directa. Durante los primeros cinco años, los dominicos inclusive acordaron no cobrarles a los Rizal Mercado ningún alquiler o renta, para que disfrutasen mejor de las cosechas de tanta tierra y que lograsen levantar la gran mansión que, de hecho, levantaron, próxima a la iglesia parroquial, en el pueblo de Calamba, y que sigue en pie hasta el presente tras algunas restauraciones.

El matrimonio Rizal Mercado tuvo un total de once hijos. Dos varones, Paciano y José Protacio, y nueve mujeres. José Rizal era el quinto vástago. El matrimonio, con las utilidades que se hicieron, pudo enviar a todos sus hijos a estudiar en los mejores colegios de Manila. La familia Rizal quedó muy rica por su ventajosa asociación con los dominicos. Se le clasificó a dicha familia de "ilustrada".

Pero la llegada de la masonería española en Filipinas en nombre del liberalismo influyó en el pensamiento de la familia Rizal Mercado. Aunque Don Francisco y Doña Teodora continuaban siendo católicos practicantes, los hijos, Paciano y José, se matricularon en una logia masónica que obedecía al gran Oriente de España. Hasta una o dos hermanas de José y Paciano, sobre todo Narcisa y Olimpia, también se matricularon en una logia masónica para mujeres encabezada por una famosa dama de Manila, Rosario Villarroel. De estas logias masónicas la idea de cuestionar los títulos de propiedad de la Orden de Predicadores se les ocurrió a los hermanos Rizal Mercado. Estas novedades llegaron a oídos de los dominicos. Un escritor del diario *Libertas* de aquel tiempo escribió el siguiente comentario:

> Pepe Rizal era el nombre familiar con que los mismos PP. Dominicos le conocían y con los cuales el joven Rizal se hallaba en buenas y amistosas relaciones antes de salir para Europa. Al volver de Alemania con ínfulas de doctor por una universidad europea, sus paisanos en Calamba le escuchaban como a un oráculo y sus teorías sobre la propiedad fueron con gran éxito predicadas y aceptadas, no acordándose Pepe Rizal que, a no haber sido por la protección de los frailes a su familia, jamás hubiera podido hacer su carrera en Europa. Baste decir que en 1887 los Dominicos dieron a Don Francisco, padre de José Rizal, 500 hectáreas del mejor terreno de la hacienda, limpio, desbrozado y libre de toda gabela por cinco años.

Así se dice en la página 195 de sobre una *Reseña historica de*

Filipinas: colección de articulos que han visto la luz publica en el diario catolico *Libertas*, en refutacion de los calumnioso errores que el doctor T. H. Pardo de Tavera ha escrito contra las benemeritas ordenes religiosas de Filipinas, en su *Reseña historica*, impresa en Manila, Bureau of Printing Office, 1906, Manila, Imprenta de Santo Tomás, 1907. De modo que toda la famosa cuestión con el Dr. José P. Rizal y su familia se reduce a lo que el mismo escritor de *Libertas* describe en la siguiente página:

> Un legítimo dueño de su propiedad que, después de agotados todos los recursos de bondad y de paciencia para hacer entrar en razón a sus levantiscos inquilinos, acude a los tribunales en demanda de justicia. Estos, tanto en el tribunal de Primera Instancia como en apelación a la Real Audiencia, dictan sentencia a favor del primero; los inquilinos se niegan a obedecer el mandato judicial y amenazan con perturbar el orden público en el pueblo; la superior autoridad de las Islas envía en auxilio del poder judicial cincuenta artilleros al mando del coronel del Vigésimo Tercio de la Guardia Civil; la presencia de esta fuerza extraordinaria no hace mella en los rebeldes, que continúan resistiéndose; los agentes del Juzgado en vista de esto proceden al desahucio, apoyados por la fuerza; la autoridad ordena a los inquilinos recojan de los solares de la Hacienda los materiales de sus casas [muchas de las cuales son de frágil caña y nipa] y los lleven fuera en el término de 24 horas, so pena de prenderles fuego. No lo hacen, y la autoridad ejecuta su amenaza. He aquí en pocas palabras el historial de toda aquella cuestión, con la que tanto ruido han querido hacer los enemigos de las Corporaciones Religiosas.

Con este pleito de trasfondo, es de comprender que José Rizal, al escribir sus dos novelas, *Noli me tangere* y *El filibusterismo*, pusiese mal a los frailes y atacase hasta algún dogma de la religión católica, hecho que agitó a los filipinos a alzarse contra el gobierno de España en Filipinas. Acontecía que aquel gobierno tenía por ley la unión del Estado español y la Iglesia católica romana. Al atacar a la iglesia,

El santuario de José Rizal en Fuerte Santiago de Intramuros, Manila, también sirvió de prisión, donde él había pasado sus últimos días.

José Rizal bien debiera saber que también atacaba al gobierno y al Estado filipino bajo la Corona de España. De allí provienen los cargos de "asociación ilícita" por hacerse masón, y, de "rebelión", por soliviantar a las masas filipinas contra su metrópoli por sus escritos y sus arengas.

Pero el Dr. José P. Rizal no fue inmediatamente arrestado. Se puede inclusive decir que fue protocolariamente tratado por las autoridades españolas, ya que entre esas mismas autoridades se encontraban masones hermanos suyos. Es un hecho que se le respetaba como súbdito español de dotes superiores. Por eso, no se le enjuició de inmediato. Para demostrar que no era un enemigo del gobierno, se le desterró primero a la isla de Mindanao, en un pueblo que se llama Dapitan de la provincia de Zamboanga del Norte, donde él mismo afirma que estuvo feliz. Pero los conspiradores en contra de las autoridades de aquel tiempo venían a visitarle. Para evitar que se le agravase la situación en Dapitan, José Rizal solicitó una plaza como médico militar de las tropas españolas enviadas a Cuba y se le aprobó la solicitud. Tomó un barco para España y de allí iba a proceder a Cuba, pero al llegar a Barcelona el gobierno de Manila le reclamó porque había sido querellado por "asociación ilícita y rebelión".

Una vez de vuelta en Manila, fue detenido en unas habitaciones en la Fuerza de Santiago donde vinieron sacerdotes y frailes católicos para convencerle a retornar a la fe de sus padres. Hasta hoy día, la masonería americana y filipina niega que José Rizal se hubiera retractado de la masonería, pero la iglesia católica ha presentado un documento, en su puño y letra, por el que se demuestra que José Rizal renunció la masonería y volvió a ser católico. No vamos a repetir aquí los argumentos en pro y en contra. Él mismo dice claramente lo que sigue:

> Me declaro católico, y en esta Religión, en que nací y me eduqué, quiero vivir y morir. Me retracto de todo corazón cuanto en mis palabras, escritos, impresos y conducta ha habido contrario a mi

Reproducción de la controvertida retractación de José Rizal de los archivos de la Arquidiócesis de Manila.

calidad de hijo de la Iglesia. Creo y profeso cuanto ella me enseña, y me someto a cuanto ella manda. Abomino de la Masonería, como enemiga que es de la Iglesia y como sociedad prohibida por la misma Iglesia. (firma) José Rizal.

El gobierno colonial americano ha alentado el levantamiento de un monumento a José Rizal en cada municipio de Filipinas. Y todas las calles municipales y citadinas que antes se llamaban «Calle

José Rizal.

Real» hoy llevan el nombre de «José Rizal». A los niños de la escuela se les ha venido enseñando desde casi más de un siglo que José Rizal es víctima de la opresión por parte del gobierno español y de las órdenes religiosas traídas a estas islas por el catolicismo español.

Últimamente, un presidente socialista del gobierno de la España postfranquista, Don Felipe González, en su visita de estado a la Presidenta Corazón C. Aquino de Filipinas, pública y oficialmente pidió perdón al pueblo y estado filipinos *"por el error de los gobernantes españoles de 1896 de ejecutar al Dr. José Rizal"*.

Pero el problema actual de los filipinos es la barrera lingüística impuesta por el neocolonialismo *White Anglo-Saxon Protestant* al obligar a todos los filipinos a aprender, y supuestamente educarse, tan solamente en inglés, mientras se posterga muy adredemente el idioma español en que José Rizal brillaría hasta ahora como ensayista, poeta, dramaturgo y novelista satírico. En fin, para que los filipinos de hogaño puedan verdaderamente valorarle al Dr. José Rizal como héroe nacional, es preciso que todos hablen de nuevo el idioma castellano y entiendan lo que quiso hacer y decir el primero de los filipinos.

28 de octubre de 2012
Ciudad de Makati, Filipinas

QUIAPO: VISITA A UN VIEJO ARRABAL MANILEÑO

Los del Círculo Hispanofilipino fuimos a lugares de Quiapo donde los turistas extranjeros nunca llegan. Y es porque dichos lugares muestran la decadencia de Filipinas, de un país culto y rico a un país actualmente ignorante sobre su propia historia e identidad, un pueblo condenado a la pobreza por el imperante neocolonialismo económico. La Pagoda chino-japonesa de Don José María Ocampo y Reyes, un amigo mío quiapense de origen chino cristiano, pero primariamente de habla española, habla de lo que es la tragedia filipina de hoy día.

Como bien dijo Don José Ramón "es como si la Alhambra en Granada fuese convertida en una casa de huéspedes para obreros, vendedores ambulantes, choferes de *jeepney*, estudiantes pobres de las provincias y una masa de gente indígena abandonada por la fortuna". Pues así ha quedado ahora esta bonita pagoda con su antes florido jardín, con estatuas de filósofos chinos amén de santos y escritores españoles, por un lado del entonces limpio y claro estero de Quiapo. La meta es hacer videos de lo rica y culta que Filipinas antes era pero que, por el neocolonialismo, ha degenerado en la miseria que ahora es en el tiempo presente. ¿Y nos dicen que progresamos por hablar inglés?

Es domingo, 12 de febrero 2012, y los que nos pusimos de acuerdo, mediante cartas puestas en el sitio del Círculo Hispanofilipino, nos encontramos entre ocho y media a nueve de la mañana en el restaurante Chowking que se encuentra en esa encrucijada de las calles y avenidas de Metropolitan, Chino Roces (Pasong Tamó) y Pablo Ocampo.

Éramos José Ramón Perdigón, moderador local del Círculo Hispanofilipino, Sara Nasareth, Victoria Torres y su marido Alfredo,

Juan Baile Puig y sus dos hijas, Carlos Bautista y su señora Marta y un servidor.

Don José Ramón escribe: "A invitación de Guillermo, y bajo su guía, nos reunimos Juan Baile y sus dos hijas, Sara y su esposo y un amigo de Juan con su mujer para visitar la parte de Quiapo donde aún quedan rastros de la arquitectura residencial filipina del siglo XIX. Que algo quede después de los horrores de la II Guerra Mundial es un milagro ya en sí".

Hacia las nueve abandonamos Makati. En el coche negro de José Ramón, seguimos servidor, Alfredo y Sara. En el coche blanco de Carlos y Marta, Juan y sus dos hijas. Poco antes de las diez llegamos a la calle Bilibid Viejo de Quiapo y de un parque de estacionamientos en dicha calle caminamos hacia la esquina de la vieja calle Lepanto, donde todavía quedan en pie un grupo de casas antiguas. Hablando a la gente que estaba en la calle, conocimos a uno que nos aconsejó visitáramos la casa antigua de la familia Estrella-Garrido. Este mismo, un tal Loarca, llamó a la puerta de dicha casa y no tardó mucho y se nos permitió entrar.

José Ramón observa: "De toda aquella manzana que visitamos solo quedan dos casas en buen estado, una todavía habitada por un nieto de los constructores que nos aceptó gentilmente en su casa, una casa que está mantenida con respeto, amor y orgullo; es pena que no me acuerde del nombre del inquilino y dueño, quizás don Guillermo me pueda refrescar la memoria".

El dueño de esa casa, que por sus proporciones era más bien una mansión que fue construida a principios de los 1900, es Alberto Garrido, un policía ya retirado que antes estaba asignado en el aeropuerto de Manila. Y era el que nos dio una historia breve de la casa de sus antepasados. Se tomaron fotos y videos por parte de Sara y Juan. Sara, una mexicana que fue premiada por una institución de su país por el video que produjo sobre Filipinas, quedó muy contenta tomando videos de aquella casa, sus interiores y su alrededor.

La casa delante de la que subimos, y que podíamos apreciar

desde las grandes ventanas de ésta, era más antigua aún. Pero ya no nos quedaba tiempo para internarnos en ella y ver su estado actual.

El señor Alberto Garrido fue muy amable en mostrarnos un antiguo libro, escrito en tagalo, y publicado en 1873. Le dijimos que volveríamos a visitar-le otro día para hacer una copia en xerox de tal libro, ya que la ortografía tagala que ostentaba es la anti-gua a base del abecedario tagalo de 32 letras y no la recientemente inventada, e impuesta, *abakada*.

Tras despedirnos del señor Garrido, bajamos a la calle y andamos ha-cia el parque de estacio-namiento que habíamos dejado unos momentos antes. Pues más allá de este parque y camino ha-

La pagoda china-japonesa de Quiapo.

cia la esquina de Bilibid Viejo y la vieja calle Mendo-za (hoy De Guzmán Street), encontramos tres antiguas "casas accesorias" ya en deterioro, porque en ellas ahora habitan centenares de familias pobres que pagan por un espacio donde dormir y guardar su ropa. Las grandes ventanas todavía están con sus sub-ventanillas con rejas para la circulación del aire. Estás accesorias están divididas en varias puertas, cada una de las cuelas representando un negocio con los dueños ocupando los altos a manera de viviendas indepen-dientes. Pero ahora cada puerta ya está subdividida en una docena de pequeñas viviendas. Se tomaron fotos y videos de la calle y de las fachadas de estas viejas accesorias que datan del tiempo español.

Pero entre ellas, a la izquierda, se encuentra la entrada a la vieja mansión de Don José María Ocampo Reyes construida a la manera de un palacio de arquitectura chino-japonesa.

La entrada a la vieja mansión de los Ocampo Reyes se ha convertido en una breve calle con muchas viviendas de madera en ambos lados. Pero a la derecha de dicha calle entrada, se puede ver una imagen del famoso Jesús Nazareno de Quiapo, hecho de madera negra, y encerrada en un caja-escaparate de cristal. Delante de esta imagen, copia de la original traída de México más de dos cientos años ha y entronada en la antigua iglesia de Quiapo, se encuentran candelas a encender y una caja para limosnas. El vecindario inmediato se cuida de esta imagen al que rezan cada vez que pasan delante de ella.

Servidor les dijo a los compañeros que aguardaran un poco, pues iríamos antes a donde estaba el hermoso palacio chino, la pagoda dicen, de Don José María Ocampo Reyes, para ver si nos permitían la entrada. Conocimos a la encargada, Mila, que se encontraba en la entrada de dicha pagoda y, tras presentarnos como antiguo amigo del dueño, dijo que podíamos venir a solamente donde ella se encontraba, porque la mansión está arrendada por quinientos individuos, cada uno teniendo un espacio donde tiene una cama y un armario, y que se tenía que respetar a los mismos. Pues, la suntuosa mansión de Ocampo Reyes era ahora la "Pagoda *boarding house*".

El antiguo jardín de flores y de estatuas de los grandes filósofos chinos, que antes había delante de esta mansión, ya es ahora una cancha para el baloncesto, donde efectivamente se estaba dando un partido animado. El gran progreso norteamericano.

Servidor volvió a donde estaban los compañeros y les indicó que podían subir a la entrada de dicha pagoda para tomar fotos y videos. Mila, la encargada también dijo que se podían tomar fotos y videos de la fachado y del costado de la mansión que da al estero de Quiapo, hoy bien sucio y maloliente.

●●●

A Sara y a José Ramón le fascinaron el hecho de que en cada la-

Casa Nakpil, un museo en Quiapo, Manila.

drillo de dicha pagoda estaba escrito el nombre de su dueño: José M.ª Ocampo Reyes, y el José con su consabido acento sobre la 'e'. Les expliqué que la pagoda era el regalo de boda que el padre de Don José María le dio a él en la segunda década de los 1900. Cada ladrillo y pormenor de dicha mansión fue importado de China y de Japón. Don José María venía de una familia de origen chino cristiano, que habían sido súbditos españoles, y que mantenían el castellano como su idioma materno. Pero Don José María era un conocido políglota, pues escribió libros para la enseñanza del japonés y del chino, publicados en los 1930, y que hablaba y escribía con perfección, además del castellano que era su lengua materna, el francés, el portugués y el italiano. También llegó a conocer el inglés pero a un nivel mucho menos que el castellano y las otras lenguas que llegó a dominar.

Don José María, a quien conocimos en vida, se casó con una mestiza alemana, con quienes conversábamos siempre en español, y una hija, Bessie, llegó a ser una de las primeras *Miss Philippines* por su extraordinaria belleza. Bessie Ocampo se casó más tarde con Víctor Buencamino de la prominente familia de San Miguel de Mayumo, Bulacán. Don José Reyes Ocampo tuvo un hijo, Fernando o Nanding, al que también conocimos en vida. Había muerto, nos dijeron los del vecindario, hace dos años y su hijo, Raúl, vendió sus casas y lotes y se volvió a vivir en la provincia de su madre, Romblón. Los actuales dueños de la "Pagoda *boarding house*" son Don Víctor Buencamino y su mujer, Bessie, viven en una nueva urbanización en la ciudad de Parañaque, ya lejos de Quiapo.

Después de apreciar lo que queda de la Pagoda de Ocampo Reyes, todos fuimos andando por la calle Mendoza y de allí, entrando por un callejón, cruzamos otra parte del estero de Quiapo para pasar a la calle Barbosa, donde se encuentra la casa ancestral, la mansión, hoy museo, de Julio Nakpil y Gregoria de Jesús. El que se cuida de

Grupo de visitantes que acompañó Guillermo en el interior de la Casa Nakpil Bautista.

Guillermo con amigos en Quiapo: El Dr. Hilario Ziálcita (a la izquierda) y Don Enrique Arlegui y Pamintuan (a la derecha).

esta casa ancestral es un descendiente de este matrimonio, Fernando Zialcita Nakpil.

Jose Ramón escribe: "La otra es la casa ancestral de Don Fernando Zialcita, nuestro contertulio, la que siempre se ha llamado Bahay Napkil, o Casa de Napkil, su abuelo. Es una casa hermosa, bien conservada aunque al no estar habitada tiene un poco de aspecto de museo. Fernando tiene un montón que decir sobre ello, y estoy seguro que nos comentará. Presumiendo su permiso, tomé algunas fotos de lo que me pareció más interesante de la casa y sus habitaciones".

Sara y Juan tomaron más videos de las calles y de los interiores de la Casa Nakpil Bautista. Estamos seguros que el resultado de estas grabaciones han de ser muy interesantes. Después de apreciar los pormenores y la historia de la Casa Nakpil Bautista, todos salimos a la calle Barbosa y de allí nos fuimos a la calle Hidalgo, donde pudimos apreciar la casa de los Paterno y las otras accesorias que delante de la misma todavía quedan en pie. De allí todos volvimos a pasar por la misma calle Mendoza camino al parque de estacionamiento para retirarnos a Makati.

Como bien nos lo dice José Ramón: "Fue una mañana muy agradable en compañía de amigos que todavía no había visto y naturalmente interesantísima con los comentarios 'doctorales' de Don Guillermo, el pozo de erudición filhispana que tenemos la suerte de tener en el Círculo".

Hemos visto las fotos tomadas por José Ramón en el sitio indicado y están muy bien. Resultan ser un bonito recuerdo de aquella gira por una parte importante de Quiapo. Todavía no hemos ido a la iglesia ni hemos visitado a la calle Vergara donde también se encuentra otras casas antiguas en varios niveles de deterioro y conservación.

Es triste que el gobierno de Manila no se ocupe en preservar estos recuerdos del pasado de Quiapo, que bien pueden servir de verdaderas atracciones para los turistas y los que quieran estudiar la historia de Filipinas.

Una casa vieja en Quiapo, la mansion de la familia Paterno y Planas.

CINE FILIPINO
EN ESPAÑOL

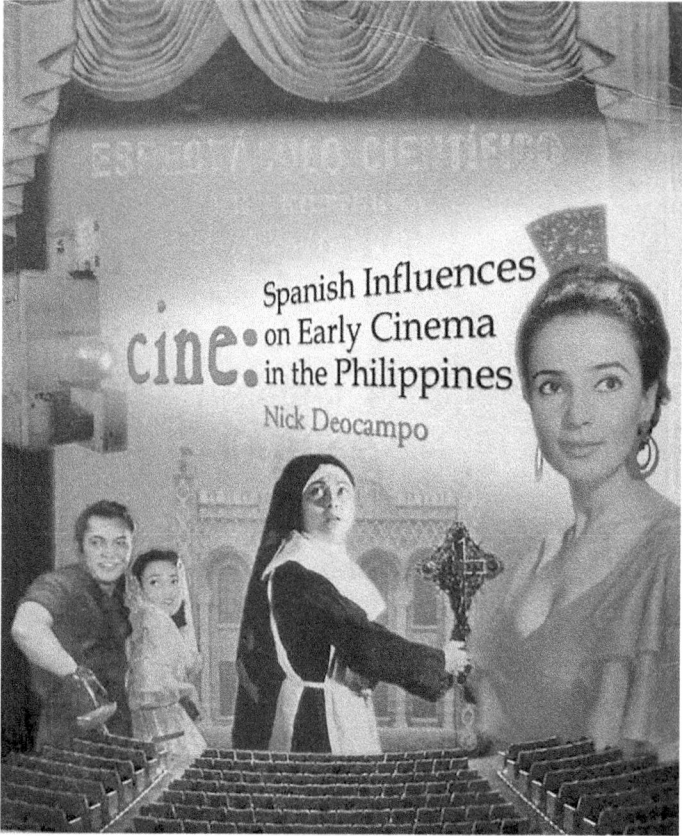

cine: Spanish Influences on Early Cinema in the Philippines

Nick Deocampo

l cine nacional de Filipinas, como la literatura filipina, empezó
en español. El comienzo del cine en estas islas también tuvo
su fase inicial en las películas mudas, cuyo diálogo salía impreso y
proyectado en las mismas. Y ese diálogo se daba en español.

Cuando empezó la etapa del *talkies* o del sonido, las películas
filipinas empezaron a hablar en tagalo y en español, jamás en inglés —aunque fueran americanos los inventores o introductores del
nuevo medio que se conocía como el cinema—.

Secreto de confesión se titulaba el primer filme filipino que se
anunció como "la primera película hablada y cantada en español
producida en Filipinas". Siguieron después, y de forma regular,
muchas otras como *Las dulces mestizas*.

Secreto de confesión, por ejemplo, se exhibió con éxito en Estados
Unidos, en Cuba, en Puerto Rico, en el centro y sur de América, en
Macao y Hong Kong y, naturalmente, en España y Portugal. Trajo
a Filipinas, a manera de los antiguos galeones, mucha plata y oro
en dólares

Su versión tagala, producida más tarde, sólo se exhibió, después
de la Segunda Guerra Mundial de 1945, en las principales ciudades
del archipiélago, con menos éxito taquillero. Muchas otras películas
filipinas, como *Las dulces mestizas* y *El milagro del Nazareno de
Quiapo,* tuvieron mayores éxitos taquilleros que *Secreto de confesión,*
porque se estaba empezando a formar un mercado internacional,
un mercado de hablaespañola, para la industria del cine filipino.

El cine filipino venía siendo una industria muy prometedora,
hasta que los neocolonizadores usenses lograron suprimir el uso
oficial del idioma español.

Un nuevo libro, lanzado desde el Centro Cultural de Filipinas
el domingo pasado (6 de abril de 2003) y ante una concurrencia

respetable, abre con un párrafo donde se dice que el cine es otro legado de España a Filipinas. El joven autor, Nick Deocampo —que nos entrevistó personalmente, así como al historiador Pío Andrade, cuando aun estaba preparando ese libro,— ha llegado a esa conclusión a base de una amplia investigación sobre el tema. Escribe Nicolás Deocampo en la primera página de su introducción a *Cine: Spanish Influences on the Early Cinema in the Philippines*, y traducimos:

> El cine bien pudiera ser el último y el mayor legado cultural que Filipinas recibió de las relaciones que tuvo con su anterior colonizadora, España. Antes de que esta potencia europea hubiera perdido su control sobre la colonia en 1898, y antes de que los EE.UU. de América, se hiciesen los nuevos mandamases de estas Islas Filipinas, el cine fue introducido en la sociedad colonial hispánica.
>
> Juntamente con otras formas materiales de la cultura, como el arado, el calendario, el reloj, el mapa, el pincel del pintor, el maíz, el tabaco, la imprenta y hasta el alfabeto romano, el aparato fílmico se encuentra entre los legados culturales dados por España a sus ciudadanos coloniales. El filme, ayudó a llevar al filipino hacia los umbrales del mundo modernizador del Siglo Veinte.

A la larga, se va a ver en estos tomos que el cine filipino hablado en español, tenía la esperanza de formar un mercado internacional dentro del mundo hispánico. En 1936, vino un mexicano (José Talan) a Manila ofreciendo distribuir en México (y en el resto de América Latina) las películas filipinas habladas en español.

De hecho, películas como *Secreto de confesión, Las dulces mestizas, Muñecas de Manila,* etcétera, llegaron a proyectarse internacionalmente. Pero, desde que la imposición de la obligatoriedad del inglés en Filipinas significó el destierro del idioma español entre los filipinos, éstos perdieron el mercado internacional que ahora tendrían las películas filipinas. Reducidas a tan solamente hablar en tagalo, y últimamente (por la tiránica imposición del entero

Reproducción de los carteles publicitarios de Secreto de confesión, *la primera película hablada y cantada en español producida en Filipinas. Desafortunadamente, hoy no se puede encontrar ninguna copia de la película.*

Las dulces mestizas *fue el titulo de una película filipina enteramente en español producida en Manila en los años 30. Ángeles Gayoso, una tía de Guillermo Gómez Rivera, aparece en la misma como una de sus estrellas cantando* Las mayas, *una canción compuesta por el maestro José Estrella para la zarzuela* Filipinas para filipinos. *Anterior de ésta se hizo la exitosa película* Secreto de confesión.

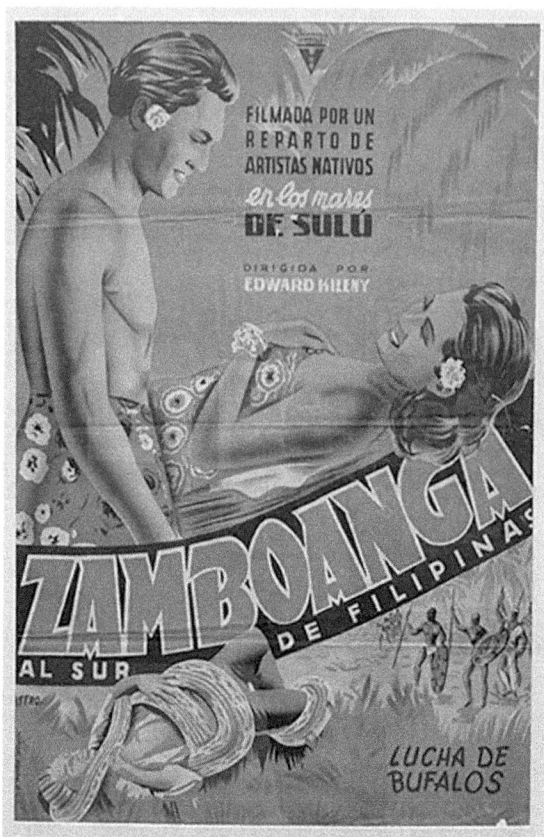

Zamboanga *(1937), la película filipina más antigua que aún existe. El cartel publicitario estaba en español.*

alfabeto inglés en la oficial enseñanza primaria del tagalo) en el pidgin *taglish*, toda esperanza de tener un mercado internacional se ha perdido por completo.

De hecho, el cine filipino de nuestros días se está muriendo y se morirá cuando logren los viles neocolonialistas sustituir al tagalo como medio de instrucción en los primeros niveles de la supuesta "educación", para los que mayoritariamente tienen luego que dejar el país, e ir de trabajadores domésticos y prostitutas a los países vecinos, a Estados Unidos, al Medio Oriente y hasta a Europa. Así ha terminado el filipino por la educación (o des-educación) que ha recibido, y recibe en inglés obligatorio.

MIS RECUERDOS DE NICK JOAQUÍN
Y CÓMO LLEGUÉ A CONOCERLE DE CERCA

*Dedicado a mi buen amigo, don José María
Fons Guardiola, gran filipinófilo.*

Debes conocerle a Nick Joaquín—, me decía Esteban Javellana y Celo, primer novelista filipino en inglés y primo de segundo grado de mi madre biológica, Lourdes Rivera y Celo. Era 1961. Me encontraba en algo como el segundo año del curso universitario de "comercio" o "perito mercantil" en la Universidad de San Agustín de Iloílo y mi madre adoptiva, Doña Rosa Jiménez Gayoso de Rivera, me decía, casi a cada rato, que cambiase de curso universitario; que dejase de cursar "comercio" y que me pasase a cursar "educación" para luego ser maestro, o profesor, de español. Le obedecí. Empecé a tomar cursos de "educación" mientras ya terminaba el cuarto año de "comercio", pues la literatura, amén del periodismo, me estaba interesando más y más.

Después de todo ya estaba yo bien iniciado en la literatura ylonga porque leía, desde aún muy joven, casi todas las novelas serializadas en las revistas *Yuhum* y *Kasanag* de grandes literatos ylongos, como Manuel V. Muzones, autor de "Salagunting" y "Margosatubig" y de la novela humorística *Tamblote*; como aquel otro escritor, Santiago Álvarez Mulato, autor de "Kinaragto", y Conrado Norada, autor de la divertida novela titulada *Diana*.

Por un lado, mamá Rosita seguía pidiéndome que leyese unos párrafos del *Quijote* por la mañana, antes de desayunar y antes de irme al colegio.

Mi madre Lourdes, por el otro lado, estaba muy orgullosa de su primo "Stevan Javellana" por su novela publicada en Estados Unidos, *Without Seeing the Dawn,* con una versión en italiano cuyo título era *Sensa vedere el alba*, palabras agradables que me fascinaban

Dr. José Maria Delgado.

por su parecido al castellano que yo conocía. Es que en aquellos años de "liberación", verse publicado en el país de los "libertadores" era un alto honor. Y fue del Tío Tibing (Esteban) Javellana el que, por primera vez, me había informado sobre un buen autor filipino, también en inglés, que se llamaba Nick Joaquín. Y me dio un ejemplar del libro *Prose and Poems* (1952) para que leyera su obra dramática *Portrait of the Artist as Filipino.*

—Debes escribir en inglés como lo hace Nick Joaquín —me decía el Tito Tibing—. Pues, Nick Joaquín es un autor filipino que piensa en español pero que escribe en inglés y el resultado es muy filipino... Tú debes escribir en inglés porque ya te has criado a pensar en español y visaya y serás otro Nick Joaquín.... A mí me da pena no haber tenido la oportunidad de hablar español en la familia puesto que, como sabes, casi todas nuestras abuelas en Calinog, Iloílo, hablan más kiniray-a que español, aunque bien completan todos sus pensamientos visayos con palabras españolas —añadía Tito Tibing lamentándose de su situación.

En aquel momento el Tito Tibing estaba escribiendo una novela sobre la conquista española de Filipinas, *With Sword and Cross,* pero no lo pudo completar porque no estaba seguro de sus conocimientos sobre la historia filipina por, precisamente, carecer de un conocimiento operante del español con que leer los antiguos documentos de la historia de estas islas.

En 1962 ya me encontraba de breve visita en Manila, porque toda mi familia quería que me marchase de Iloílo y empezase a trabajar en una compañía del industrial Don Andrés Soriano. Y terminé empleado de bodeguero en *Rheem of the Philippines*, compañía de Soriano y Cia, dedicada a la fabricación de baldes y barriles donde los obreros me contagiaron con principios de tuberculosis, y tuve que salir de ese puesto para curarme de ese mal que, gracias a Dios, se me quitó de encima.

Recuperé en seis meses mi salud y empecé a escribir artículos en inglés en el *Philippines Free Press*, porque me lo empezaba a pedir el diputado por Cebú, Don Miguel Cuenco, que luego me llevó al embajador Don José María Delgado para que me empleara como secretario ejecutivo de una institución

Don Miguel Cuenco.

fundada por ellos: *Solidaridad Filipino-Hispana, Inc.*

Ya era 1964 y me encontraba en la sala y biblioteca de esta institución que se ubicaba en el *Isabel Building*, en la Avenida de España, Sampáloc, Manila, justamente delante de la Universidad de Santo Tomás. Y allí empecé a dar clases de español y bailes españoles. Y con muchos alumnos que se hicieron miembros de esta asociación pagando una cuota, formé una "Liga de Jóvenes Filipinos de habla-española" y un "Grupo de baile español".

Para contrarrestar la campaña de los agringados en contra de la enseñanza de 24 unidades de español en el colegiado, con mi propio dinero compré máquinas de ciclostel y empecé a publicar la revista quincenal *El Maestro* que tuvo una circulación de mil ejemplares distribuidas con subscripciones pagadas. *Solidaridad* tuvo más de dos cientos socios activos. Por un lado, escribía artículos semanales para *El Debate* y *Nueva Era*. Tenía además dos programas de radio: *La voz hispanofilipina* en la red nacional del gobierno, DZFM y *La voz hispana* en Radio Véritas de la Universidad de Santo Tomás. Y al empezar la televisión en blanco y negro, también salía en el programa del famoso músico y compositor filipino, Roberto "Bert" Buena, debutando como cantante español y bisayo, que también

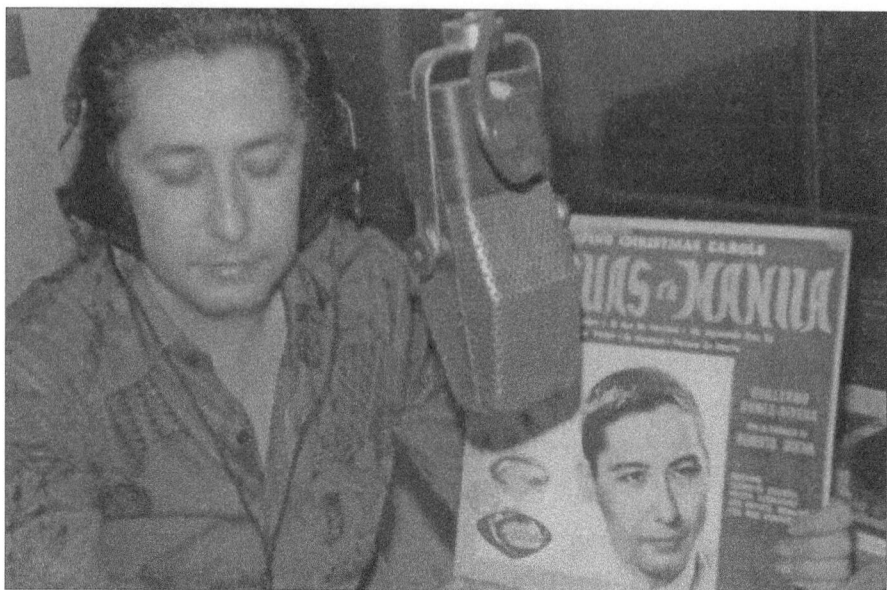

Guillermo mostrando uno de sus discos de larga duración durante una emisión de su programa de radio semanal en DZFM, La voz hispanofilipina, *en los 1970. Nick Joaquín se refirió a él como "el nuevo colón de la canción filipina en castellano". Este programa duró once años en la red nacional de Filipinas.*

sabia cantar en chino mandarín y tagalo.

Como secretario ejecutivo de *Solidaridad* me puse en contacto con todos los departamentos de español de todos los colegios y universidades de Manila, y hasta de provincias, donde les enviaba *El Maestro* y les ayudaba con bailes españoles en sus respectivas veladas literario-musicales para que la cultura española, e hispano-filipina, tuviera presencia en todos los centros docentes. También empecé a reclutar a estudiantes para que formaran sendos "Círculos Cervantinos" en cada universidad. Aconsejé a los profesores de español que formasen en sus respectivos colegios círculos estudiantiles de esta naturaleza. Y así lo hicieron. Por eso cuando los enemigos del español, apoyados por políticos títeres del colonialismo *wasp* usense, organizaban manifestaciones en contra de la enseñanza del español, yo también organizaba demostraciones a favor de dicha enseñanza ante la legislatura filipina, a donde llevaba a mis bailarinas para poner números de flamenco en las gradas del edificio legislativo. Era una guerra enconada por la prensa y en los centros docentes de Metro Manila.

Y esta lucha duró veinte años, desde 1965 hasta 1985, cuando subió al poder la Presidente Corazon Cojuangco-Aquino y suprimió tanto la oficialidad como la docencia del idioma español en todos los programas de estudios universitarios del país. Pero la *Solidaridad Filipino-Hispana* siguió adelante con su misión, aunque servidor, con permiso del Dr. José María Delgado, se empleó, primero como un maestro más de español, en San Beda, Santo Tomás, *Philippine Women's University* y la Universidad de Filipinas, hasta que, luego, terminé aceptando el puesto de jefe del Departamento de Español de la Universidad de Adamson, donde las actividades de *Solidaridad* se expandieron de forma regular y eficaz.

También, como vicepresidente de la Confederación Nacional de Profesores Filipinos de Español, organicé con Rosario Valdés Lamug, Belén Sisioco de Argüelles del mismo Departamento de Educación, Delfina San Agustín, y muchas otras grandes profesoras de español, el concurso de talento y personalidad *Miss Hispanidad*, que duró desde 1975 a 1985 y que fue un vehículo eficaz para animar a los

El cuerpo de baile de la Solidaridad Filipino-Hispana, Inc.

estudiantes a favorecer el idioma español como asignatura en el programa general de estudios universitarios y vencer la constante oposición por parte de los sobornados tecnócratas.

Eran años de verdadera lucha.

Cuando la *Solidaridad Filipino-Hispana* se trasladó al edificio *Citadel* de la familia del Dr. José María Delgado, fue cuando al fin tuve el alto honor de recibirle a Nick Joaquín en las nuevas oficinas de nuestra asociación, para que escuchara, con cerveza en mano, mis dos LPs de canciones filipinas en español. El lanzamiento de estos LPs tuvo su eco hasta en la prensa en inglés. El escritor y columnista del *The Manila Times*, Don Alfredo R. Roces, hermano del entonces secretario de educación, Alejandro R. Roces, dedicó una entera columna suya a mi LP *Nostalgia filipina*, y la primera edición de este disco se agotó. Había justamente completado mi tercer LP *El collar de sampaguita y Zamboanga* hermosa cuando Joaquín otra vez vino a visitarme. Y con cerveza otra vez en mano me lo escuchó todo. Él solo, en la sala biblioteca de *Solidaridad*, con los ojos cerrados y una leve sonrisa, escuchaba con gusto cada canción que, por cierto, ya conocía de antemano. Quedó tan encantado del repertorio de canciones, que allí mismo me regaló un librito suyo con una dedicatoria en español: *"A Guillermo Gómez Rivera, el nuevo colón de la canción filipina en castellano"*, firmándolo gustosamente y abrazándome después.

Y pasamos a almorzar en la cantina restaurante de *Delgado Brothers*, para seguir hablando sobre lo español en lo filipino. Y me recordaba un pasaje suyo en su primer libro ganador, que se titula *La Naval*, donde dice: *Lo filipino es toda una creación española. Todas estas lenguas, razas y culturas que se llaman "filipinas" fueron engendradas por España, nacieron de España.* Y añadía... *"Yo nunca estudié la High School, ni el colegiado. Yo me eduqué en dos o tres bibliotecas leyendo todos los libros sobre Filipinas, particularmente las obras escritas en español. He leído, aparte de Rizal, de Mabini, de M. H. del Pilar, de Pedro Paterno, de Fernando María Guerrero, a Irureta Goyena, a Recto, a Balmori, a Bernabé, a Manuel Briones,*

Miss Hispanidad, un concurso de conocientos y talentos hispánicos de la Solidaridad Filipino-Hispana, Inc. bajo la dirección de Guillermo Gómez Rivera.

a Flavio Zaragoza Cano y hasta a tu tío abuelo Guillermo Gómez Windham, cuyas novelas y artículos mucho me deleitaron y casi me influyeron. Fue Gómez Windham e Irureta Goyena los que me enseñaron la verdadera historia de Filipinas...

"Imagínate, Windham. Pues tú, Guillermo, debes escribir en inglés porque tienes un antepasado inglés. Tu eres gringo en parte..." y se sonreía. Y yo, también sonriendo, le contestaba: *"Perdón Nicomedes, Nick, yo nunca puedo ser gringo, ya opté por ser filipino con F y no con esa grandísima P con que los despistados de hoy se estilan creyéndose muy auténticos y muy graciosos. Y si yo escribo en inglés lo que pienso, se van a ofender sobremanera los despistados desfilipinizados..."*

"Pues, ¡hazlo! Y al demonio con todos ellos..." —me contestaba con su gran voz de medio ogro—. *"Sabrán a la larga que les estás haciendo un gran favor. ¡Imagínate! Tú eres Windham, inglés, y Gómez, español, y Locsin, chino... además de visayo. ¡Eres el*

*más puro de todos los filipinos! ¡Eres la evolución perfecta de lo
filipino porque llevas todas las razas y todas las sangres que hacen
al filipino..."*

Bueno, menos el inglés... Y se echaba a reír a carcajadas, que
casi molestaba a los demás comensales en la cantina de *Delgado
Brothers* en el Port Area.

Y yo le respondía con veneración. *"Pues, ¡mira! ¡Tienes razón!
Y gracias por advertírmelo. Soy una mejor mezcla que tu* The Woman Who Had Two Navels, *la mujer de los dos ombligos, porque si
cada ascendencia que tengo fuese representada por un ombligo, yo
sería* The Guy with Four Navels... *Pero yo prefiero escribir antes en
español y con un solo ombligo. Mas tarde, quizás para complacerte
Nick, escribiré en inglés..."*

Y se echó a reír más ruidosamente.... Y me advertía:

*"Pero si escribes solo en español, aquí tendrás pocos lectores y
no educarás a los millones que ya perdieron el español por culpa
del capítulo gringo que tenemos forzado sobre nosotros y nuestra
historia..."* Por un lado yo siempre les digo a mis contertulios...
"To be really free, we have to slay the White (gringo) father..."
*Tenemos que cargarnos al gringo que tenemos encima de patriarca
y padrastro...*

Y me halagaba sobremanera, porque recordaba un bonito párrafo
de un discurso escrito por mi tío abuelo, Guillermo Gómez Windham, que repetía en inglés y que más o menos sonaba como sigue:

> Our ancestors from the seventeenth century had the sagacity to
> understand that Legaspi, that modest clerk, and Urdaneta, that
> kind friar, was bringing them a very beautiful civilization which
> was the more superior and the more humane in comparison
> to that which they already had, and, that is why they allowed
> themselves to be peacefully conquered without hardly placing
> forward any form of opposition or resistance, tolerating, except
> in sporadic and scarce localized uprisings, the Hispanic rule
> which, on the other hand, they could have easily overthrown.
> And this Hispanic rule continued for three and a half centuries

Cuando la versión española de A Portrait of the Artist as Filipino *(traducido al Español por Lourdes Brillantes como* Retrato de un artista como filipino) *se presentó en el Centro Cultural de Filipinas (Manila) hace unos años, Nick Joaquín pidió que Guillermo hiciera el papel de Don Perico, el poeta que, para sobrevivir, se volvió político, y fue elegido senador de la República (Guillermo cree que Nick se refiere a Claro M. Recto). En la foto, Guillermo está con el elenco de la obra.*

until the thought came that they too could easily manage their affairs by themselves.

Otros pasajes de Gómez Windham que le fascinaba y que me pedía tradujera al inglés fueron los que siguen:

Al querer el filipino reforzar su unidad política, segunda base fundamental de su futura grandeza, vuelve a hallar en el pasado la huella de España que, al someter a su autoridad única las numerosas sub-razas que habitaban esta tierra, propulsó su amalgama espiritual y aun la biológica mezclándose ella también por medio de inyecciones de su sangre generosa. Por eso cuando se desató el lazo colonial no hubo aquí matanzas en masa, ni emigraciones trágicas ni partición de territorio ni guerras civiles,

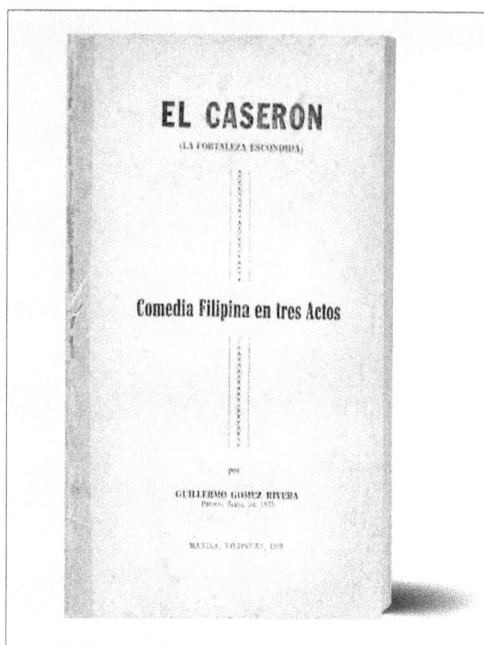

Portada de El caserón *(La fortaleza escondida), comedia filipina en tres actos, Manila, 1978.*

revelando todo ello la reciedumbre del cemento español que unificó a tagalos, bicolanos, bisayas, etc. borrando entre ellos todo sentimiento de distinción o diferencia en un plazo muy corto para esta clase de fusiones humanas.

Spain had spilled over the Filipino soul the immense treasure of the Christian Faith saturating it in such a manner that the same does influence very decisively in its thinking and in its sentiments. Spain gave to that native soul the most liberal and the most dynamic of positive religions, a religion that, according to Rodó, the sharp South American thinker, did not demonstrate everything but established *a priori*, except for its fundamental dogmas, rigid

Dibujo de Guillermo Gómez Rivera de los personajes de El caserón.

and inflexible moulds, but leaving, on the contrary, with the words of the Divine Teacher Himself, the doors opened so that its followers may also be allowed to accept beneficial novelties.

In this manner, the Christian nations were able to reach cultural pinnacles, heights of progress beyond the reach of other people that profess static and totalitarian religions, achieving in the end an undeniable superiority due to its science, its wealth and its strength. The first thing that Spain did upon stepping upon our soil was to incorporate us forever to that select sector, that one which, influenced, consciously or unconsciously, by the Christian idea, is today and shall always be in the future, the triumphant sector of the human race.

La última vez que le vi a Nick Joaquín fue en el nuevo teatro de Santa Escolástica donde se presentaron, en tres lenguas, su obra maestra *Portrait of the Artist as Filipino*. En español, Lourdes Castrillo Brillantes lo tradujo como *Retrato de un artista como filipino*. Yo hice el papel de Don Perico, un personaje inspirado en Claro M. Recto, y me dijo que yo no podía ser un buen actor porque me faltaba cierta disciplina, y que mejor siguiera siendo bailarín español y que no me olvidara de también escribir en inglés.

Tenía una memoria portentosa porque se acordaba hasta de un artículo publicado por el diario *Newsday* donde el comentarista me comparaba con él, pero con el defecto de insistir en escribir en español en vez de en inglés y ganar todos los premios de Palanca y del gobierno.

Yo lo tomé todo a guasa porque sabía que tenía razón. Pero no comprendía por qué me empeñaba en escribir más en castellano y, para colmo, en visaya, donde se me proclamó "poeta laureado".

Le recordé de nuevo el ya antiguo deseo de Don Ricardo Padilla de otorgarle el Premio Zóbel de Hispanidad, pero declinó diciendo que él tendría que antes terminar algunos escritos suyos en español. Y me preguntó qué hacían los nuevos miembros de la Academia Filipina; por qué no producían obras en español para demostrar que eran mejores escritores sobre temas filipinos que los que escriben en inglés. Me di cuenta que se refería a ciertos elementos que consiguieron ser miembros de la Academia Filipina, pero que publican en inglés. Le dije, como para consolarle, que ya somos varios escritores filipinos los que vamos trabajando incansablemente para producir obras al nivel de los escritos de Rizal y Recto para el mundo hispánico que no nos conoce...

Insistía que también depositáramos nuestros conocimientos sobre Filipinas, su historia y sus tradiciones en inglés porque, según él, teníamos "muy poco mercado" en español.

Desde aquel tiempo, ya no tuve ocasión de encontrarme con Nick Joaquín y hablar sobre más cosas... Le agradaba, desde luego saber, que escribí una comedia en tres actos, *El caserón*, inspirada en su *Portrait* y que yo lo dedicaba a él como amigo y ardiente admirador suyo para siempre. También le gustó muchísimo los siguientes versos que, en dos distintas ocasiones, le dediqué;

HOMBRE PRISMÁTICO

A Nick Joaquín, verdadero historiador
y artista. En Makati, el 25 de enero de 1978.

Traductor de la historia por toda una
generación perdida en inglés. Maestro
que enseña la verdad: —luz oportuna
para los que no tienen ni alma ni estro.

Pues, el candor y el arte, la sapiencia
de toda una cultura —la cultura
que es la de Filipinas—, es la ciencia,
es la gloria, es toda la envoltura
de este gran hombre prismático, trasluz
del madero que alzamos en cruz.

Ese es don Nicolás Joaquín, flamante
fragua de este país de sordo-ciegos;
pues, es la última luz del ignorante
que perdió sus estribos y sus pliegos.

■■■

FLOR Y SEBO

Por recibir el Premio Ramón Magsaysay
el 3 de agosto de 1996, en Manila. Al
amigo Nick Joaquín...

¡Enhorabuena Nick! El premio nuevo
que recibiste queda honrado y fuerte
porque, en cambio, se lleva la flor y el sebo
de tu nombre preclaro y tu alta suerte.

Eres el que logró dar al inglés
el timbre filipino que hoy ostenta;
mas se va a morir poco después
por ser el que se obliga en cada venta.

Si el inglés se convierte en filipino
es por la tiranía de unos pocos
desnaturalizados... que, sin tino,
lo fuerzan por doquier como unos locos,
sin pensar que el indígena no lo quiere
por ser un arma vil que a todos hiere.

18 abril 1997
Makati, Metro Manila

PERLAS... DE LA PERLA DEL MAR DE ORIENTE

(Discurso del ilustre escritor y hablista don Guillermo Gómez Windham,
Presidente de la Academia Filipina correspondiente de la Real Academia,
leído ante el Primer Congreso de Hispanistas de Filipinas, 2 noviembre 1951)

Señor Presidente del Comité Ejecutivo;
Excmo. Sr. Ministro de España;
Autoridades civiles, religiosas y culturales;
Hispanistas todos:

Sirvan estas primeras frases para expresar mi más hondo agra-
decimiento por la honrosa distinción que se me ha otorgado
de presidir el acto inaugural de esta asamblea de hispanistas filipinos, primera manifestación formal del deseo colectivo de conservar
los rasgos hispánicos en el carácter y la cultura nacional. Nunca,
ni en esos momentos inconfesables que aun los más humildes dedicamos a fantasear sobre el tema de la exaltación de nuestro yo,
nunca, repito, soñé alcanzar honor tan señalado, del que soy totalmente indigno, y por el cual, os lo aseguro, brotan ahora de mi
pecho raudales abundantes de asombrada gratitud. Lamento no
poder dirigiros la palabra directamente, viéndome obligado por
prescripción facultativa a hacerlo por medio de este mensaje escrito. Confío, sin embargo, que esta circunstancia no restará calor
cordial a mis frases ni a nuestros oídos benevolencia para escu-
charlas.

A raíz del surgimiento de la República Filipina en 1947 pudo
observarse en varios sectores de la opinión pública un interés re-

novado hacia lo hispano, interés que culminó en el establecimiento de más estrechas relaciones con la nación española; en la aprobación de la ley Sotto; en la creación de sociedades cervantinas en escuelas y colegios, y en la convocatoria para este congreso de hispanistas que hoy comienza su tarea.

Diríase que el pueblo filipino, en los albores de su vida independiente, su percató de la verdad encerrada en el apotegma de un pensador francés, Le Bon, donde se afirma que un pueblo sólo puede alcanzar su grandeza apoyándose en sus tradiciones y en su pasado. Diríase que ese pueblo comprendió con certero instinto que en ley histórica como en ley arquitectónica un edificio sin cimientos pronto se derrumba, y apenas ganó libertad para labrar su porvenir sin ayuda ajena volvió la vista atrás en busca del basamento de su pasado. Y al hacerlo, tropezó enseguida con el granítico estrato de la obra española, con la fuerte argamasa de la tradición española ya adherida y aun superpuesta a su propia tradición pre-magallánica con tal solidez que se habían fundido en una sola, mixta de ambas.

España había vaciado sobre el alma filipina el inmenso tesoro de la fe cristiana llenándola de tal modo, que influye decisivamente en su pensar y en su sentir. Dióla la más liberal y dinámica de las religiones positivas; aquella que, según observara Rodó agudamente, no lo estatuyó todo ni estableció *a priori*, excepto para sus dogmas fundamentales, moldes rígidos e inflexibles, dejando, por el contrario, con palabras del mismo Divino Maestro, abiertas las puertas para que sus adeptos pudieran aceptar novedades beneficiosas.

Así las naciones cristianas lograron alcanzar cimas de cultura, cumbres de progreso inaccesibles a otros pueblos que profesaban religiones estáticas y totalitarias, consiguiendo una superioridad innegable por su ciencia, por su riqueza y por su fuerza. Lo primero que hizo España al pisar tierra filipina fué incorporarnos para siempre al sector selecto, aquel que, influido, consciente o inconscientemente, por la idea cristiana, es ahora y será en lo futuro el sector triunfante de la raza humana.

Al querer el filipino reforzar su unidad política, segunda base

La Academia Filipina reunida en la junta de 1939. De izquierda a derecha: Guillermo Gómez Windham, Juan B. Alegre, Claro M. Recto, Enrique Zóbel de Ayala, Rafael Palma, Luis Calderón, Manuel Ma. Rincón, Ramón Torres (de pie), Pedro Sabido, Pascual Asanza, Manuel Rávago (de pie) y Ricardo Muñiz, Vicecónsul de España.

fundamental de su futura grandeza, vuelve a hallar en el pasado la huella de España que, al someter a su autoridad única las numerosas sub-razas que habitaban esta tierra, propulsó su amalgama espiritual y aun la biológica mezclándose ella también por medio de inyecciones de su sangre generosa. Por eso cuando se desató el lazo colonial no hubo aquí matanzas en masa, ni emigraciones trágicas ni partición de territorio ni guerras civiles, revelando todo ello la reciedumbre del cemento español que unificó a tagalos, bicolanos, bisayas, etc. borrando entre ellos todo sentimiento de distinción o diferencia en un plazo muy corto para esta clase de fusiones humanas.

El filipino de ahora, buceando en su pasado, ha de recordar por fuerza cómo España nos legó asimismo su idioma expresivo, elegante y sonoro usado, no sólo por nuestros héroes nacionales más preclaros y el grupo aun respetable de los que hablamos y pensamos en él, sino también por nuestra masa, la cual diariamente emplea numerosos vocablos y giros sintácticos castellanos ya incrustados en los lenguajes nativos con fuerza tal, que millones de filipinos los creen propios sin sospechar de dónde proceden.

Del mismo modo, al volver la vista a su ayer, ese filipino de hoy hallará en sus costumbres, en sus formas sociales, en su actitud ante los problemas de la vida, la sombra imborrable de la influencia psicológica andaluza, castellana o vasca, el glóbulo hispano que por hallarse con frecuencia presente entre las células de su cuerpo, influye en su pensamiento y toma parte en la dirección de su espíritu.

¿Recordáis aquellos días cuando estalló en España la revolución republicana socialista? ¿Recordáis cómo este pueblo, avaro en exteriorizar sus emociones, arrebataba de las manos de los vendedores de periódicos las hojas en que venían noticias del suceso? ¿Cómo en los casinos y en los mercados, en los cafés y en los salones el único tópico de conversación, el tema exclusivo de los comentarios era "lo de España"?

Entonces pude convencerme de que España no era aquí tan sólo un recuerdo romántico del pasado sino algo que vivía con vida actual en el corazón filipino, algo palpitante y dinámico capaz de influir en el sentimiento popular. Creo sinceramente que si en aquella contienda hubiesen vencido los elementos marxistas sus doctrinas se hubieran propagado con rapidez y adquirido mayor auge entre nosotros.

No: España no es aquí la sombra de un ayer remoto que se desvanece al correr del tiempo. España alienta en la consciencia y en la subconsciencia del filipino como parte importante de su caudal hereditario, de su tradición pretérita. No se puede arrancar del filipino lo hispánico sin desnaturalizarle, sin hacer de él un hombre fantástico e increíble que estuvo durmiendo durante cuatro siglos sin tradición, o sea, sin vida consciente.

Ensalzar y afirmar nuestro hispanismo viene a ser, en fin de cuentas, fortalecer y depurar nuestro filipinismo, y laborar por la conservación de los elementos culturales implantados por España durante su dominio de estas tierras es laborar por nuestra propia cultura.

Nuestros antepasados del siglo dieciséis tuvieron la sagacidad de comprender que Legazpi, aquel modesto escribano, y Urdaneta, aquel bondadoso fraile, les traían una civilización muy superior y mucho más humana que aquella en que vivían y se dejaron conquistar sin oponer resistencia apenas, tolerando, salvo escasas y esporádicas rebeliones localizadas, el dominio hispano del que pudieron haberse

Por soldado de tu Verbo

Por ser soldado de todo
lo tuyo: de tus palabras,
de tus letras y tus glorias;
¡Ve, Oh lengua castellana
cuanto bregar y sufrir
comprende la gran batalla
que se libra por tus fueros
en esta tierra malaya!

¡He aquí pues, oh castellana
lengua, la juventud toda:
el saber, la parsimonia,
esfuerzos, la sangre misma
de otro soldado que te ama:
contra mofa y contra mundo
blandiendo por ti su espada!

Guillermo Gómez Rivera
9 julio 1962
Manila

Texto manuscrito y firmado por Guillermo Gómez Rivera del poema "Por soldado de tu verbo".

sacudido fácilmente, durante cerca de tres siglos y medio, hasta el día que se creyeron capaces de navegar por sí solos.

No quiero restar un ápice a la grandeza de la obra de América en el cortísimo tiempo de su dominio, obra que se ha incorporado ya también a la tradición filipina, pero tengo siempre presente lo dicho por varios de los más eminentes gobernantes que de allí vinieron, quienes, inspirados en un alto sentimiento de justicia, no vacilaron en declarar que la solidez de la obra americana en Filipinas fué posible porque se elevó sobre el cimiento de la obra española.

En el predio de nuestro patrimonio, en el huerto que Dios acotó para solar de la raza, se eleva entre otros, un árbol, el más frondoso y robusto tal vez quizás el de raíces más hondas y firmes. Ya se hizo el trabajo de plantarlo; de vigilar su crecimiento; de salvarlo de los numerosos peligros anejos a la edad temprana. Ahora sólo requiere ligeros cuidados de conservación; podar las muertas ramas; limpiarlo de parásitos destructores; regarlos de cuando en cuando en las horas ardientes de la canícula...

Seríamos en verdad estultos o criminales si por falta de ellos se viera algún día privada nuestra posteridad de sus óptimos frutos y de su sombra protectora.

En este día, el primero que dedicamos después de adquirir la independencia política a la noble y patriótica labor de conservar el árbol hispánico en nuestra tierra malaya, yo quiero dirigir a la antigua madre, por medio de su alto y digno representante aquí presente, un saludo de amor.

Ella nos trajo su religión excelsa; ella convirtió de nuestras desperdigadas tribus un pueblo sólidamente integrado; ella unió su carne a nuestra carne y su alma a nuestra alma y ella sembró entre nosotros las simientes de su Ciencia y de su Arte. Nos dió de cuanto tenía, desde la savia de sus venas hasta la luz de su espíritu; ¡no dió más porque más no tenía!

¡Reina Maga que cuando éramos aún un pueblo niño nos o-frendaste el oro de tu sangre, el incienso de tu fe y la mirra de tu genio!... ¡que Dios te salve y te bendiga eternamente!

LA LITERATURA FILIPINA COMO VÍCTIMA DE UN GENOCIDIO IDIOMÁTICO, SEGÚN NICK JOAQUÍN

THE SALT LAKE HERALD

TWENTY-EIGHTH YEAR.   SALT LAKE CITY, UTAH, TUESDAY, AUGUST 16, 1898.   NUMBER 155

DEWEY BOMBARDS MANILA AND THE CITY SURRENDERS

VICTORY FOR AMERICANS
AFTER THE WAR HAD ENDED

Spaniards Quickly Surrendered and Augusti Made His Escape to Hongkong.

GIVEN ONE HOUR TO CAPITULATE,
AND THEN DEWEY OPENED FIRE

White Flag Was Immediately Run Up—Bombardment Took Place Last Saturday, After Protocol Was Signed.

CARRANZA! ALL IS LOST SAVE HONOR AND CAMARA'S BOAT.

THE HERALD BULLETIN.

CUBANS SULLEN
AND REBELLIOUS

Do Not Propose to Stop Easing Spaniards.

RUMORED INTENTION
TO CAPTURE SANTIAGO

Garrison Claim Will Make Trouble For Americans.

SILVER DEMOCRATS EXPLAIN

BLANCO QUITS CUBA

Captain General to Sail in Favor of Spain.

ADDRESS TO THE PEOPLE

WAR RES ENDED IN PORTO RICO

SHAFTER'S MEN READY TO QUIT

Además de los escritores filipinos en español, el artista nacional para la literatura, Nicomedes Nicolás 'Nick' Joaquín y Márquez, también señala que la pérdida del idioma español por parte de los escritores filipinos en inglés les ha enajenado de la verdadera tradición literaria de su patria.

Se ha querido determinar cuál fue la verdadera literatura filipina, pero los que se habían propuesto hacer esa determinación nunca supieron, o no quisieron, dar la correcta respuesta.

Hubo, sin embargo, una excepción en el escritor Nick Joaquín — el mejor de entre los pocos filipinos que han escrito y escriben en inglés, por el que muy justamente el entonces Presidente Ferdinand E. Marcos le proclamó artista nacional filipino en literatura—.

Nick Joaquín se distingue además por su acertada valoración de la historia, la cultura y la identidad nacional del pueblo filipino. Y se ha distinguido también por su coraje en decir la verdad en cuanto al dañino resultado que ha causado la intervención supremacista y racista en la literatura nacional filipina. La intervención del *White Anglo-Saxon Protestant* usense consiste en el innecesario, por forzado y obligatorio, cambio de idioma en Filipinas.

Este tema nos lo abordó Nick Joaquín en diciembre de 1956 cuando escribió un prólogo a la traducción al inglés, que él mismo hizo, de la comedia *Sólo entre las sombras* de Claro M. Recto. Escuchémosle:

> Lo que el drama decía, según los favorecedores de Recto, era una combinación de las corrientes culturales entonces en conflicto, la vieja y la nueva, a través de la atemperación de lo moderno con los ideales clásicos de la educación, una síntesis de las tradiciones hispánicas y anglosajonas.

Desgraciadamente, como todos sabemos ahora, eso no fue lo que sucedió. Nunca se intentó una síntesis; ni siquiera se estimuló una coexistencia (de los idiomas español e inglés).

En resumidas cuentas, una cultura fue totalmente descartada mientras que la otra fue totalmente adoptada. Y aunque los defensores de Recto no lo sabían, todos los escritores que lo hacían en español, de hecho, estaban luchando por su supervivencia.

Tal como ocurrió, Recto fue el último escritor de importancia en la línea directa de sucesión desde Rizal —una verdadera rama del Gran Árbol, según expresión de Varona— porque de seguro, ni el más nacionalista entre los que escribimos en inglés, puede sostener que los escritores actuales, bien sea en inglés o tagalo, pueden vincular con Rizal su linaje literario. De hecho, es muy probable que la única razón por la cual los libros de Rizal no han caído en el olvido, como los de Guerrero y Apóstol, es por el hecho de que Rizal es nuestro héroe nacional.

Pero, aún a pesar de ser tal héroe, solamente lo conocemos en traducción, siendo el originario José Rizal un perfecto extranjero para nosotros los que escribimos en inglés o tagalo. Y, para colmo de males, un extranjero ya muerto.

Nada podría ser tan banal como discutir y polemizar sobre "lo que pudo haber sido". Pero, supongamos, aunque fuese tan sólo por un momento, que nunca hubo una ruptura cultural, una solución de continuidad en aquella hispana cultura filipina; supongamos que la literatura desarrollada por Rizal y Recto hubiera continuado desarrollándose hasta en el tiempo presente —y no hay duda de que hubiese continuado desarrollándose si tan solamente los norteamericanos no se hubieran quedado con nuestro patrimonio nacional—.

En ese caso, aquéllos que repiten ese dicho vulgar de que los filipinos progresaron mucho más en los primeros cincuenta años bajo la tutela norteamericana frente a los tres siglos como provincia española de ultramar, son gente que no entienden, ni captan, el punto esencial de nuestra historia en lo más mínimo.

Pues, tal era el impulso de la revolución y del movimiento intelectual a la vuelta del siglo pasado que con, o sin, norteamericanos en Filipinas, las primeras décadas de este siglo por fuerza tenían que ser tiempo de grandes y portentosos avances entre los filipinos.

Podría ser verdad que la insolicitada ocupación norteamericana algo contribuyó en acelerar nuestra supuesta modernización y nuestro desarrollo político camino hacia la posible trampa de un nuevo imperialismo cultural y económico, pero a cambio de esas pocas y supuestas aceleraciones, fue la misma presencia norteamericana la que terminantemente impidió el completo florecimiento de la tendencia cultural filipina representada por José Rizal y los otros ilustrados, una tendencia que pudo haber conducido a una más rica y más autónoma cultura filipina que la actual anglosajona que, querámoslo o no, tuvimos que arbitrariamente aceptar.

El cambio de idioma, del español al inglés, es un golpe mortal a nuestro crecimiento cultural. Nuestro desarrollo cultural sufrió —y todavía sigue sufriendo— un daño al parecer irreparable, puesto que la literatura es el alma pura del lenguaje y nosotros fuimos forzados a abandonar el lenguaje español en que nuestra literatura se había desarrollado para comenzar desde cero en inglés.

Las víctimas principales de este terriblemente cruel e innecesario cambio de idioma son los escritores en español de los 1900 quienes, privados de su natural auditorio, decayeron, o, como Claro M. Recto, perdieron, porque se les robó cruelmente, la oportunidad de convertirse en nuestras grandes figuras literarias.

Por eso, Recto, el primero entre los que sobrevivieron esa catástrofe impuesta sobre Filipinas, se vio compelido, a la postre, a totalmente abandonar la literatura para convertirse en otro político más entre los forzados colaboradores del nuevo colonialismo mientras subía una nueva generación de oportunistas que se hacía "de políticos" bajo las órdenes del extranjero erigido en nuevo amo nuestro.

José García Villa (derecha) con el galardonado poeta agustino, el P. Gilbert Luis R. Centina III, en ciudad de Nueva York, unos meses antes de la muerte de Villa en la misma ciudad en febrero de 1997.

Todos nuestros escritores, anteriores y contemporáneos del mismo Claro M. Recto, habían adquirido un dominio tal del idioma español que era muy de esperar, por evidente, que si las siguientes generaciones hubiesen sido permitidas a continuar hablando y escribiendo en el mismo idioma español de sus padres, hubieran, sin duda, llevado aquella perfección literaria —ya adquirida por sus antepasados—, a mayores logros para alcanzar más aún mayores triunfos, ya que también hubieran logrado producir una literatura verdaderamente grande.

Pero, como el idioma español fue forzosamente descartado por decreto norteamericano, lo que las siguientes generaciones realmente produjeron fueron nada más que unos tanteos exploratorios en inglés de la década de los veinte —una labor en sí algo heroica, pero que se desviaba radicalmente del desarrollo literario indicado por nuestra historia—.

Y es por eso que no se produjo, en inglés, la gran literatura filipina que los norteamericanos y sus lacayos anunciaban con tantos bombos y platillos al imponer a los jóvenes filipinos el idioma inglés sin ninguna alternativa.

Así sucedió, y continuará sucediendo hasta no se sabe cuándo, porque el escritor filipino en inglés también ha sufrido enormemente por la incoherencia que se impuso sobre nuestra cultura nacional. El mejor ejemplo de este fenómeno es el escritor filipino en inglés, José García Villa.

Lógica y cronológicamente, García Villa, junto a los poquísimos escritores de los años veinte, debió ser las primicias de Rizal y Recto. Y lo pudiera haber sido porque es tan indudable su genio. García Villa pudiera haber sido la culminación de 300 años de español en Filipinas. Si Rizal fuese nuestro Marlowe, García Villa pudiera haber sido nuestro Shakespeare si no nos hubiesen interrumpido el desarrollo cultural los norteamericanos con su imposición sobre nosotros del idioma inglés.

Desgraciadamente esa imposición se logró hacer (aunque fuese a trompicones), y cuando García Villa llegó, tuvo que empezar de nuevo en vez de continuar con, y culminar, toda una gran tradición literaria.

El que debiera haber sido el florecimiento de todo un gran árbol literario se vio obligado a convertirse en semilla de otro árbol literario. Rizal y Recto debieran de haber sido los mentores, los modelos de García Villa, pero la arbitraria imposición del inglés en Filipinas lo separaron de sus naturales antepasados literarios. Y es por eso que García Villa tuvo que aceptar como sus mentores literarios a los extranjeros Sherwood Anderson y E. E. Cummings. García Villa produjo buena, por pura, poesía, pero es una poesía que carece de raíces, puesto que no tiene ninguna relación con lo que es Filipinas.

Las poesías de García Villa podrían pasar, en cuanto a su relación a Filipinas, como poesías escritas por un esquimal.

Lo que le ocurrió a García Villa —(que luego se exilió a Estados Unidos para siempre, donde murió muy pobre y miserable, sin crear más poesía)—, no es culpa suya. Es culpa de la imposición arbitraria del idioma inglés sobre Filipinas, porque ese hecho le cercenó a él de sus raíces originarias.

Y, como José García Villa, todo escritor filipino en inglés tiene necesariamente que sufrir las consecuencias de la pérdida de una tradición, como lo es la brutal enajenación de sus clásicos, aquellos escritores que son sus verdaderos antepasados, pero que son los que han escrito en español.

Un *wasp* usense, Marquardt, de larga residencia en Filipinas por hijo de un Thomasite y ex-director de la revista *Philippines Free Press*, intentó refutarle la tesis a Nick Joaquín, diciendo que si no fuese por Estados Unidos otro país, como el Japón por ejemplo, hubiese invadido a Filipinas, y hubiese igualmente borrado lo español en ellas.

No creemos que así lo hubiesen hecho los japoneses, en el caso de haberse quedado con Filipinas, puesto que el japonés de nuestros días ya conoce el valor de la cultura hispana. Mientras el español no se enseña regularmente en Filipinas, se enseña en el Japón. Mientras

apenas quedan medio millón
de filipinos que siguen siendo
de habla hispana, en el Japón
ya son un millón los japoneses que hablan español. Con
estos datos, la probabilidad
de que el idioma y cultura
hispanos no resultasen tan
malparados, como lo están
ahora tras "la liberación en
1945", viene a ser una posibilidad que avergüenza a los
sectarios supremacistas y sus
lacayos de nuestros días.

Nick Joaquín le replicó al
mencionado hijo de *Thoma-
site,* Frederic S. Marquardt, en otro escrito. Le señaló que el argumento que presentaba no justificaba la destrucción de lo hispánico
en el filipino.

Le faltó a Nick Joaquín añadir que un país democrático como
Estados Unidos, no tenía, ni debiera tener, ninguna razón para fas-
cistamente destruirle a los filipinos su lengua y tradición hispanas,
su identidad nacional, su literatura en lengua española y hasta sus
lenguas tagala, visaya e ilocana forzando en ellas su antifonético
alfabeto y silabización de forma oficial.

Y Nick Joaquín, como el filipino cabal que verdaderamente es,
dijo bien.

...

Filipinas, hasta la fecha, no ha producido un Premio Nóbel que
escriba en inglés. Si los autores filipinos pudiesen haber continuado
con el idioma español como su medio, se podría estar aspirando
en también tener un Premio Nóbel, como un García Márquez de
Colombia, un Pablo Neruda de Chile, un Octavio Paz de México,

un Luis Borges de Argentina. Pero, tal como viene desarrollándose la intolerancia, a Filipinas se le privó de un sentido culturalmente correcto de la libertad de expresión.

Ningún escritor filipino en inglés ha ganado alguna vez el Premio Nóbel. Por el contrario, varios escritores latinoamericanos en español han sido galardonados con el codiciado premio.

LA FALENCIA FILIPINA
Y LA RUINA DE LA EXPRESIÓN

Y nuestro pueblo llora, porque es pesado el yugo
y protestar no puede, porque es débil su grey,
porque los ancestrales todos ya sucumbieron
sin dejarnos su aliento, sin legarnos su fe.

Claro Mayo Recto, "Oración al dios Apolo", 1910.

I

La primera interrogante que se presenta siempre es: ¿Cuál es la literatura filipina original? Es de comprender que la confusión surja porque existen diversos idiomas en el país. Para empezar, diremos que hay una literatura filipina en inglés, a raíz del neocolonialismo estadounidense. También existe otra literatura filipina que está en el actual idioma nacional a base del tagalo. Finalmente, coexisten con las anteriores literaturas filipinas en bisaya, ilocano y en, por lo menos, diez otras lenguas más.

Para aclarar dicha confusión nos vemos obligados a explicar el concepto de lo filipino. El surgimiento de la nación se remonta a la constitución del Estado filipino bajo la Corona de España el 24 de junio de 1571 con la fundación de Manila, en la isla de Luzón, como la cabecera de dicha entidad política.

En 1599 se celebró un sínodo en Manila, al que asistieron los principales jefes tribales que representaban a los grupos étnicos del archipiélago para responder a la pregunta de si aceptaban al Rey de España "como su natural soberano" (véase *La Hispanización de Filipinas* por John Leddy Phelan, 1952, páginas 25 y 26. Preferimos citar esta fuente americana porque resume, aunque sea a regañadientes, lo que dicen varios documentos españoles sobre este suceso histórico).

Al referirnos a "grupos étnicos" aludimos a las colectividades prehispánicas existentes como los tagalos, ilocanos, pampangueños, bicolanos, bisayas, lumad o los aborígenes de Mindanao, y así también los moros de los sultanatos de Joló y Maguindanao. Cada uno de estos estados tenía, y tiene, su propio idioma. El de los tagalos es el tagalo, base inicial de la propuesta lengua nacional filipina, el de los ilocanos es el iloco, el de los bisayas es el bisaya (a base del sugbuhanon, del hiligaynon y del winaray), los mayoritarios de los moros son el tausug y el maguindanao, y los lumad poseen diferentes lenguas de raíz austronesia variadas y fragmentadas.

Cuando los principales líderes de estas comunidades aceptaron al Rey de España como su natural soberano en diferentes momentos históricos, que van desde el siglo XVI al XIX, incorporaron de hecho sus respectivos estados étnicos a la administración española establecida en Manila. En la órbita del Consejo de Indias, la gobernación de las Islas Filipinas dependió jurídicamente del Virreinato de Nueva España con capital en México. Después de la independencia de este virreinato (1821), Filipinas pasó a conformar, junto con Cuba y Puerto Rico, una provincia de ultramar de España.

Manila, "la muy noble y la muy leal ciudad", vino a ser el asiento del gobierno central que tenía al castellano como su lengua oficial y principal. Decimos principal porque el tagalo, el bisaya, el ilocano y otras lenguas vernáculas, funcionaban como idiomas auxiliares, sobre todo en el terreno de la evangelización de los nativos.

II

Resultado de este proceso histórico lo constituye la literatura filipina en castellano, que dividiremos en cuatro etapas principales: la primera es la formativa, la segunda la de su crecimiento, la tercera es la de la plenitud y la cuarta la de su decadencia, causada como es evidente por la supresión de la lengua castellana tras la ocupación del país por las fuerzas norteamericanas y la consiguiente imposición del idioma inglés.

Veamos, pues, estos diferentes períodos históricos. La primera etapa o de génesis tuvo como autores a peninsulares avecindados en el archipiélago y a los naturales y chinos cristianos admitidos como súbditos españoles. Entre los pioneros se pueden incluir a Antonio Pigafeta, Antonio de Morga, Gaspar de San Agustín, Francisco Blancas de San José, Gaspar Aquino de Belén, Baltasar de Santa Cruz, y los conocidos como ladinos: Tomás Pinpín y Fernando de Bagongbanta.

Consolidada la unidad administrativa y territorial, creada una nueva sociedad con una identidad cultural fruto de la adaptación y transformación de la cultura hispánica, nuevos autores criollos y mestizos emergieron, junto a otros peninsulares y novohispanos: la familia Villavicencio, Luis Rodríguez Varela, Vicente Alemany, y los presbíteros Mariano Gómez, José Burgos, Jacinto Zamora, ya en la última época de finales del siglo XIX. Otros muchos autores peninsulares desarrollan una prolífica literatura de artículo o ensayo, poesía y narrativa de tintes costumbristas y en cierto modo orientalistas: Juan Álvarez Guerra, Navarro Chapuli, Pablo Feced, Francisco de Cañamaque, Vidal Soler o Francisco de P. Entrala. Esta etapa consiste en un amplio periodo de tiempo que va desde la ilustración a la crisis decimonónica.

Pasemos a la siguiente fase, el tercer período, que coincide con la cumbre literaria. En este siglo de oro destacaremos a Pedro Paterno, José Rizal, Marcelo H. del Pilar, Graciano López Jaena, Antonio Luna, Gregorio Sansiangco, Apolinario Mabini, en su primera ola, y a Cecilio Apóstol, Jesús Balmori, Teodoro M. Kalaw, Macario Adriático, Epifanio de los Santos Cristóbal, Tirso de Irureta Goyena, Fernando María Guerrero… hasta llegar a Pacífico Victoriano, Evangelina Guerrero de Zacarías, Manuel Bernabé y Claro M. Recto, entre tantos otros.

Finalmente, culminamos una literatura que estaba llamada a la eclosión de todo un proceso histórico de siglos, nada menos que con

Guillermo con la escritora Nilda Guerrero de Barranco.

el hurto de la voz. Es la destrucción de la expresión filipina, el aniquilamiento del cosmos hispánico y la lengua española, todo lo cual lleva a una crisis generacional y a que los hijos ya no entiendan, e incluso renieguen, de sus padres. Un pueblo condenado al silencio, a la inacción, a no ser capaz de poder expresarse por sí mismo, y necesitar inevitablemente al colonizador, a la extraña lengua inglesa. Trágicamente, a este periodo ignorado y desacreditado por propios y ajenos se le ha venido llamando "etapa de decadencia", que es, en efecto, la ruina por haber perdido la expresión de la lengua española. Ahora, entre los escritores principales se encuentran Carlos Rómulo, León M. Guerrero, Manuel Briones, Antonio Serrano, Benigno del Río, Enrique Fernández Lumba, los hermanos Gómez Windham, Emeterio Barcelón y Barceló Soriano, Flavio Zaragoza Cano, Antonio María Cavana, Teodoro Valdes Bacani, José María Delgado, Francisco Zaragoza Carrillo, Nilda Guerrero de Barranco, Antonio Molina y otros tantos.

Por último, en cuanto a los autores presentes, a quienes podríamos situar en la etapa contemporánea figuran: Edmundo Farolán Romero, Federico Licsi Espino, Gilbert Luis R. Centina III, Concepción Huerta, Isabel Medina, Guillermo Gómez Rivera, Antonio Fernández Pasión, Edwin Lozada, Paulina Constancia, Macario Ofilada y Marra Lanot.

El número total de autores filipinos en español es de muchos centenares. Y sus obras conforman una verdadera biblioteca.

Con la oficial marginación entre los filipinos de la lengua española, la estrictamente denominada "literatura filipina" parece que se encuentra en un inexorable camino hacia la extinción. Pero tampoco se puede decir de seguro que ya se extingue, como casi siempre se vaticina, puesto que, hasta ahora, continúan apareciendo por doquier jóvenes cultores del castellano, según nos lo señalan dos recientes investigadores, Isaac Donoso y Andrea Gallo en su libro *Literatura hispanofilipina actual* (Madrid, 2011).

Desde luego que, por el otro lado, viene surgiendo una literatura extranjerizada, descrita como sin raíces en la tierra filipina, que se escribe en inglés. La vernácula, la que se expresa en el idioma nacional a base del tagalo, es sorprendentemente débil (con un puñado de publicaciones anuales para un total de cien millones de hablantes), al igual que las demás literaturas que se escriben en las otras lenguas principales del archipiélago. Esta falencia es consecuencia de una diglosia destructora que padece la actual sociedad filipina entre sus diversas lenguas maternas, entre ellas la castellana, frente al inglés obligatorio, idioma éste ajeno a toda raigambre histórica.

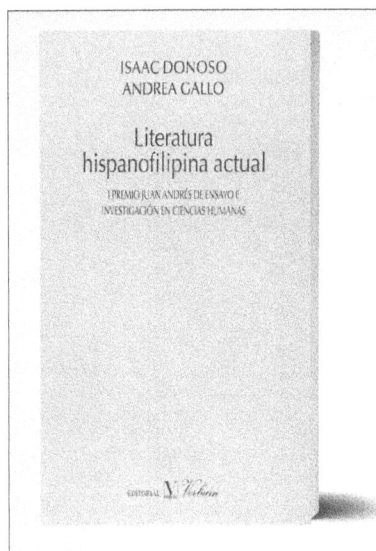

El libro de Isaac Donoso y Andrea Gallo que aborda la literatura filipina actual en español.

III

Lo que pudiera ser el futuro de esta actual situación, depende de la exitosa recuperación, o no, del idioma español por parte del actual pueblo filipino. Y esa recuperación depende mucho de las economías que lo favorezcan, ya que la política actual de este país, en cuanto a lenguas y cultura, mucho debe a la disponibilidad de fondos para realizar el objetivo de tal recuperación. De momento, el movimiento en pro del idioma español está en auge, porque existe un incentivo económico, por ahora en la enseñanza del idioma y en

El Maestro y Nueva Era, *editados por Guillermo Gómez Rivera por casi dos décadas, ayudaron a impulsar el movimiento en pro del idioma español en Filipinas.*

las empresas de "centrales de llamadas" sobre todo, gracias a las cuales se considera al español como un instrumento de desarrollo y relación con América. La importancia, la necesidad de poseer el idioma español, todavía no ha llegado plenamente a la esfera de la literatura, pues su cultivo literario es, actualmente, bien limitado.

La diglosia es, por el otro lado, lo que condena al idioma filipino a base del tagalo, a un cultivo literario poco vigoroso, por no decir pobre o casi nulo. A pesar de millones de hablantes del filipino, no contamos con una producción literaria representativa en este idioma. Y por ello, un servidor, como muchísimos otros, a pesar de poseer el filipino lo suficientemente bien como para cultivarlo literariamente, no lo hacemos, por saberlo de antemano sin salida dentro del mundo local en que nos encontramos.

Un servidor también fue escritor y poeta laureado en lengua bisaya-hiligaynon (también conocido como el ilongo), pero no vuelve a escribir en este idioma porque este idioma no tiene ni prensa ni la menor industria publicista como hace cincuenta años la tenía. Tanto en esta lengua, bisaya, como en el tagalo, idiomas de estas islas Filipinas, el cultivo literario esta vedado por las circunstancias, tanto económicas como políticas, circunstancias que conducen a una terrible diglosia que resulta ser todo un genocidio cultural e idiomático de estas lenguas autóctonas.

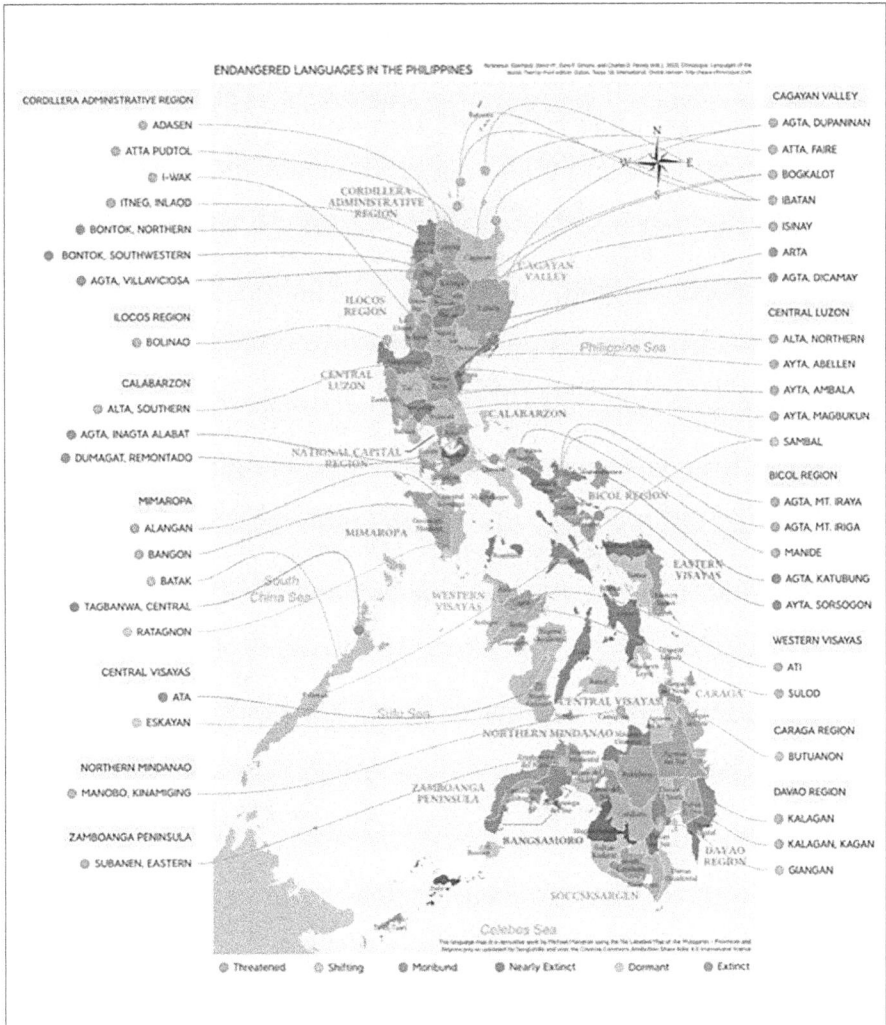

El Departamento de Antropología de la Universidad de Filipinas ha publicado esta infografía sobre las lenguas filipinas indígenas en peligro de extinción. Incluso antes de 1521, Filipinas ya estaba compuesto por varios grupos de idiomas que, aunque están relacionados, eran lo suficientemente distintos como para ser clasificados como idiomas diferentes.

La diglosia, está claro, juega exclusivamente, y tiránicamente, a favor del cultivo literario del inglés, porque éste cuenta con el total apoyo político y económico. Pero dado que este idioma no tiene raigambre en lo filipino pasado ni actual, como históricamente el idioma español sí bien que lo tenía en lo filipino, resulta evidente que no puede obtener ese idioma inglés raigambre que lo naturalice como filipino en el futuro. Con tal vacío, no podemos producir, en el caso de un servidor, y en el de tantísimos otros, una literatura que podamos llamar filipina en idioma inglés, puesto que si nos empeñamos, como ya ha ocurrido con la producción de películas filipinas en inglés en el reciente pasado, vamos a salir nada más que con aberraciones, cuando no falsedades, respecto de lo que es verdaderamente la cultura filipina. Y ni servidor, ni los otros escritores que también pudieran escribir en inglés, al parecer estamos dispuestos a crear literatura en ese idioma sobre temas propiamente filipinos: de inmediato se vería que el inglés no pertenece a ese ámbito de la vida filipina y, por ende, de la creación literaria o artística.

Después de un siglo de inglés obligatorio, el único autor que más o menos pudo darle a ese idioma cartas de naturaleza filipina fue Nicomedes "Nick" Joaquín. Pero lo pudo hacer por haber tenido como base y referencia la cultura hispanofilipina. Y como la inmensa mayoría de los actuales poseedores del inglés en estas islas YA PERDIERON esa misma base y referencia cultural filipinas que Nick Joaquín poseía, nada tienen que contar. Y de ahí el vacío resultante en el terreno de la literatura filipina.

Ante semejante percance, la necesidad de volver al idioma español como medio para la creación y como instrumento para el pensar, es algo que creo inevitable.

10 de febrero de 2013
Makati, Metro Manila
Filipinas

ESTADÍSTICAS: LA DESTRUCCIÓN DEL IDIOMA ESPAÑOL EN FILIPINAS

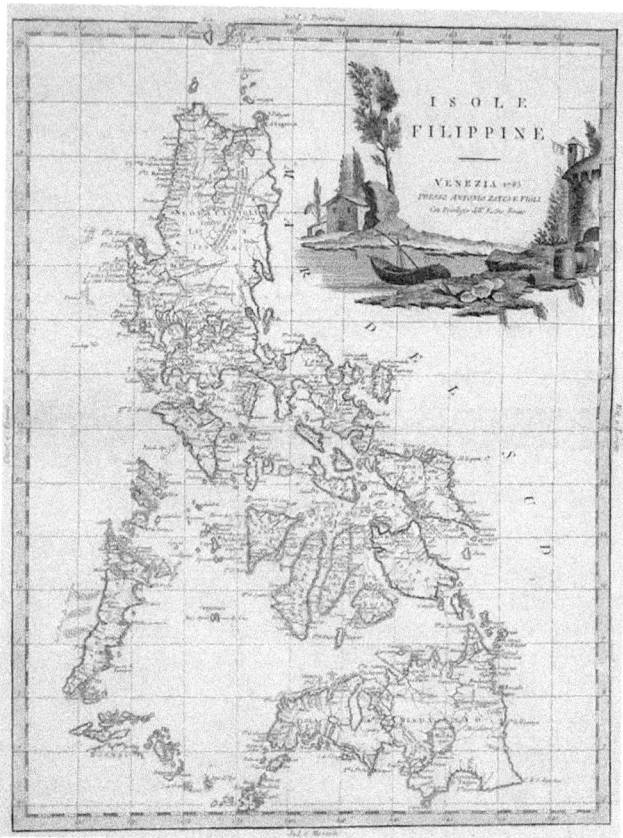

ISOLE
FILIPPINE
—
VENEZIA 1785
PRESSO ANTONIO ZATTA E FIGLI
Con Privilegio dell'Ecc.mo Senato

I. UNA RÉPLICA A LA EQUIVOCADA ASEVERACIÓN DE QUE EL ESPAÑOL NUNCA SE HABLÓ EN FILIPINAS

Es verdad que nunca fueron todos los habitantes de las Islas Filipinas los que tuvieron al idioma español como su lengua materna. Pero tampoco es justo decir que este idioma nunca se habló en Filipinas en escala nacional.

El mero hecho de que el español empezó a ser el idioma oficial de las Islas Filipinas desde el 24 de junio de 1571, día de la fundación de Manila como la ciudad cabecera del Estado Filipino bajo la Corona de España, hasta 1987, año en que se promulgó la cuestionable constitución de la Presidenta Corazón 'Cory' C. Aquino, bien puede poner en solfa a todos aquellos que digan que este idioma nunca se habló en, o que nunca llegó a, Filipinas.

Siendo idioma oficial durante tantos siglos debe muy bien entenderse que fue el idioma de la judicatura, de la legislatura y de las escrituras y las publicaciones oficiales, como judiciales, de este archipiélago.

También es innegable que existe un gran cuerpo de obras literarias, en fin una tradición literaria, por autores filipinos desde 1593, año en que se fundó la primera imprenta en estas islas, hasta el presente. Todo esto es evidencia de que el idioma español bien se habló en Filipinas, y no en la extensión regateada en que los cuestionables documentos usenses o norteamericanos nos quieren decir.

Y decimos 'cuestionables documentos' porque ya es un hecho que los colonialistas usenses han tenido —¡y tienen!— una language agenda a favor del inglés desde 1898 y en contra del idioma español en Filipinas, al que miran como un obstáculo latente a sus objetivos "lingüísticos" y de imperio económico.

2. LA RAZÓN DE SER DEL IDIOMA ESPAÑOL EN FILIPINAS

Esa razón de ser es mucho más de la que el idioma inglés pueda tener, ya que los habitantes de Filipinas se convirtieron en plenos ciudadanos españoles, mientras que los mismos, jamás fueron aceptados por los neocolonialistas americanos como ciudadanos de los Estados Unidos de América durante su régimen.

Está además la verdad sobre la razón de ser del idioma español en Filipinas. Esa razón de ser arranca del hecho histórico, citada renuentemente por un historiador americano John Leddy Phelan, en su libro *The Hispanization of the Philippines*, publicado en Wisconsin en 1967. En medio de su visceral hispanofobia, Mr. Phelan no pudo ocultar del todo el hecho de la ciudadanía española de los habitantes de estas islas cuando sus mismos reyes libremente aceptaron al Rey de España como su *natural sovereign* (Phelan, 23-25) a cambio de los servicios que la Corona española les iba a dar y que, de hecho, les dio, tales como la fundación y la organización del Estado Filipino desde los tiempos del Adelantado Miguel López de Legazpi que, para empezar, fundó Manila como la capital y asiento del gobierno del Estado Filipino. Al aceptar al Rey de España como su natural soberano, los habitantes originarios de estas islas se convirtieron en sujetos españoles, es decir 'ciudadanos españoles'. Y, al hacerse ciudadanos de España (específicamente entre 1810 y 1830 con la constitución democrática de Cádiz) tenían de hecho la necesidad de aprender el idioma español, idioma de sus leyes, y utilizarlo como el idioma oficial de su Estado Filipino cuyo nombre es Filipinas.

Ésa, en breve, es la razón de ser del idioma español en Filipinas puesto que, tras casi cuatro siglos, los tagalos, los visayas, los ilocanos, los chinos, etcétera, se desarrollaron y se convirtieron en filipinos por, precisamente, hablar en español, hasta que la ya existente nacionalidad filipina pensó en su independencia política con la fundación de la Primera República de Filipinas en 1898. Y la razón de ser del idioma español en estas islas no pudo negarse ni por la República revolucionaria, porque tuvo que reconocer a este mismo idioma como su lengua oficial.

Cuando los Estados Unidos se anexionó las Islas Filipinas en 1900, tras destruir en una guerra injusta a la mencionada Primera República de Asia, forzó el idioma inglés sobre los habitantes de estas islas, mediante un sistema de educación pagado por dichos habitantes, sin hacerles, a los mismos, ciudadanos de Estados Unidos.

3. DE AGUSTÍN DE CAVADA A MALOLOS

Pasemos ahora al campo de las estadísticas. Es verdad que cuando Filipinas tan solamente tenía una población de un poco más de cuatro millones y medio (4,500,000), Agustín de la Cavada y Méndez de Vigo, señaló que los indios, o indígenas, que hablaban español en estas islas no rebasaban el 2.8 por ciento del número de la población citada en 1870. Pero este libro, con tales estadísticas, salió a la luz en 1870, o tan solamente siete años después de que, por decreto de la Reina Isabel II en el año 1863, se establecía el sistema de instrucción pública en todas las islas, cuyo medio de instrucción era predominantemente el español, con los idiomas principales del archipiélago sirviendo de medios auxiliares de educación.

Al llegar el año de 1898, en que se separó Filipinas de España, el porcentaje de los filipinos de habla española tendría que haber aumentado considerablemente. Y si, de hecho, el aumento del número de hispanohablantes no hubiese crecido en proporciones más altas y de extensiones más profundas en todas estas islas a partir del dado 2.8 por ciento en 1870, los delegados filipinos a la primera convención constituyente celebrada en Malolos, Bulacán, en 1898, no hubiesen declarado al idioma español como la optada lengua oficial de la República de Filipinas, tal como nos lo tiene previsto la constitución de Malolos.

Tampoco hubiesen utilizado, los gobernantes filipinos bajo el Presidente Emilio Aguinaldo, al idioma español en todas sus proclamas y sus publicaciones oficiales, entre los cuales se encuentra el diario-vocero denominado *La Independencia*. Y José Rizal, un políglota que bien sabía siete lenguas incluyendo la tagala y la inglesa, no hubiese escrito sus obras fundamentales en español. Las hubiese escrito en inglés y en tagalo. ¡Pero no! Todo lo escribió José Rizal en español para sus compatriotas que naturalmente podían leerle en esta misma lengua.

4. MANUEL ARELLANO REMONDO

En un libro publicado en 1908 por la Tipografía del Colegio de Santo Tomás de Manila, titulado *Geografía general de las islas filipinas*, cuyo autor es el Muy Reverendo Padre Fray Manuel Arellano Remondo, se encuentra el siguiente dato en la página 15: "La población disminuyó por razón de las guerras, en el quinquenio de 1895 a 1900, pues al empezar la primera insurrección se calculaba en 9,000,000 y actualmente [1908] no llegarán a 8,000,000 los habitantes del Archipiélago". La referida "primera insurrección" fue la que ocurrió el 29 de agosto de 1896 en contra del gobierno español. En ese caso, la población de Filipinas en ese año llegaba a los citados nueve millones (9,000,000) de habitantes.

5. LAS ESTADÍSTICAS DE 1903-05 SE HICIERON A BASE DE UNA ADREDE EQUIVOCACIÓN

Los censos norteamericanos de 1903 y 1905, calculan de soslayo que los hispanohablantes de este archipiélago nunca han rebasado, en su número, a más del diez por ciento (10%) de la población durante la última década de los mil ochocientos (1800).

Esto quiere decir que 900,000 filipinos, el diez por ciento de los dados nueve millones citados por Fray Manuel Arellano Remondo, tenían al idioma español como su primera y única lengua.

No es verdad que ese 10% de aludidos filipinos tenía al idioma español tan solamente como una segunda, o una tercera, lengua. Subrayamos, a riesgo de repetirnos, que lo tenían como su única lengua. Su primera lengua. Su lengua materna. Además de esos novecientos mil (900,000), Don Luciano de la Rosa, *katipunero* y abogado defensor de los demandados por libelo a raíz del editorial "Aves de Rapiña" del diario manileño *El Renacimiento* de 1907, concluye, en un estudio que citamos en el libro, *Filipino: Origen y connotación*, Manila, 1960, "que es el 60% de los filipinos" de su tiempo "los que tenían al idioma español como su segunda lengua".

Si añadimos a los 60% los anteriores 10%, tenemos al 70% de la población filipina como usuaria cotidiana del idioma español entre 1890 y 1940.

6. DEAN C. WORCESTER, VERDUGO DE LA PRENSA LIBRE EN FILIPINAS

El dato dado por el abogado Luciano de la Rosa queda corroborado por la declaración jurada del secretario del interior y el demandante en aquel escandaloso caso contra el diario *El Renacimiento*, Dean C. Worcester, cuando éste reveló bajo juramento judicial que: "El español se habla y se lee a un grado más o menos alto en todos los pueblos; en prácticamente todos los barrios importantes, y, a un grado limitado, en el territorio habitado por las tribus no-cristianas".

Por otro lado, unos recientes estudios por el Dr. Rafael Rodríguez Ponga señalan, sin embargo, que los

Dean Conant Worcester.

filipinos de habla española, al liquidarse la presencia peninsular en este archipiélago, llegaban al catorce (14%) por ciento de la población de la década 1891-1900. Es decir, el 14% de una población de nueve millones (9,000,000), que serían un millón (1,260,000)

y doscientos sesenta mil de filipinos que eran primordialmente de habla hispana (*Cuadernos hispanoamericanos*, enero de 2003).

7. EL PRIMER GENOCIDIO SANGRIENTO

El Padre Fray Manuel Arellano Remondo, al informarnos que "la población disminuyó por razón de las guerras", se refiere indudablemente a las víctimas de la guerra entre la primera República de Filipinas de 1898 y el invasor Estados Unidos de Norteamérica. Esa disminución de la población filipina nos lo señala luego otra fuente, esta vez norteamericana, como constituyendo "la sexta parte de la población filipina". La fuente norteamericana a la que nos referimos es la del historiador James B. Goodno autor del libro *The Philippines: Land of Broken Promises*, Nueva York, 1998, cuya página 31 nos suministra esa importante cifra y dato.

Si hemos de creer que fue LA SEXTA PARTE de la población filipina la que pereció como víctima de las sangrientas masacres perpetradas por la soldadesca invasora de Estados Unidos entre 1898 y 1902, las bajas de una población total de nueve millones sumarían, de hecho, a un millón y medio (1,500,000).

Y, dígase lo que se diga, este hecho histórico es evidencia de nada menos que de un genocidio cometido en contra del pueblo filipino que precisamente era de habla española. Si ahora se puede inclusive decir que el español "nunca se habló en Filipinas", ese resultado es la evidencia misma del genocidio perpetrado durante la guerra filipino-norteamericana que se prolongó hasta 1907, incluyendo la masiva resistencia armada puesta frente a la invasión militar de Estados Unidos por parte del segundo presidente y general de la República Filipina de 1898, Macario Sacay y de León.

El Presidente Sacay asumió el poder tras la captura y arresto domiciliar del Presidente Emilio Aguinaldo. Pero en 1906 Sacay fue engañado, mediante políticos filipinos (que empezaron a creer en la "benevolencia" norteamericana), con una falsa oferta de amnistía y un posible puesto en la proyectada Asamblea Nacional de 1907.

Tras ser capturado durante un baile dado en su honor, el Presidente Sacay fue calladamente ahorcado en 1907 de una forma injusta y totalmente criminal en comparación con el caso de José Rizal. ¡Ahorcaron criminalmente al segundo presidente de la República de Filipinas! Pero ningún libro de texto para la enseñanza de la historia filipina denuncia este crimen, de la misma forma en que se denuncia el fusilamiento de José Rizal.

El citado Don Luciano de la Rosa también nos informa que "es de esperar que una enorme proporción de esas bajas sean filipinos de habla hispana ya que eran los de esta habla los que mejor entendían los conceptos de independencia y libertad y los que escribieron obras en idioma español sobre dichas ideas".

8. EL MANIPULADO CENSO DE 1903-05

Es por eso que es el mismo libro del P. Arellano Remondo el que nos da la siguiente información estadística, para la primera década de los mil novecientos (1900), en los siguientes términos: "6.º Población. —El censo oficial de 1903 obtuvo el siguiente resultado en su conjunto: 7,635,426. Y, de éstos eran civilizados o cristianos unos 7,000,000, y salvajes o no-cristianos, 647,000 (Arellano 15)".

Ese mismo censo de 1903 informa que los criollos, luego mestizos, de español eran 75,000, o apenas un (1%) por ciento de la población. Se quiso dar a entender que éstos eran los que primordialmente hablaban español. Al decir mestizos de español se entiende que el padre es peninsular y la madre es indígena. No se contaron como también de habla española a los que eran hijos de matrimonios entre mestizos de español e indígenas que, por cierto, eran más numerosos que los dados 75,000 de mestizos a razón del 50 al 50. Tampoco se contaron a los descendientes de los chinos cristianos, muchos de ellos siendo mestizos terciados por ser mezcla de español, indígena y chino, que constituían el grupo más numeroso que tenía al idioma español como su primera lengua. Tampoco se clasificaron como de habla española a los indígenas que componían las comunidades de habla criollo, o chabacano, de Cavite y los de extramuros de Manila, (Ermita, Paco, Binondo, San Miguel y Quiapo), amén de los de Zamboanga, Cotabato, Davao, Joló y Basilan en Mindanao que muy fácilmente sumaban a otros 500,000.

9. TIRSO DE IRURETA GOYENA EN 1916

En 1916, el escritor y abogado Don Tirso de Irureta Goyena hace la siguiente observación en el capítulo titulado "El castellano, único idioma nacional" de su libro *Por el idioma y cultura hispanos*, impreso por la Imprenta de Santo Tomás, Manila, 1917:

> Hay una minoría de filipinos, descendientes de individuos de raza española que tiene el castellano naturalmente como idioma propio y casi por decir único [...] Hay algunas localidades donde filipinos indígenas, de pura raza nativa, como Cavite, San Roque, Caridad, Zamboanga, y aun muchos de los que en Manila y en otras capitales importantes viven, que no poseen asimismo otro idioma que el castellano más o menos adulterado: [...] Y, los mestizos de americanos son una minoría microscópica, en muchos de cuyos descendientes, se ve el curioso fenómeno de adoptar el castellano o alguno de los idiomas nativos, dejando por completo el idioma inglés (38-39).

Y en otro capítulo de su mismo libro, Don Tirso concluye:

> No necesitó del inglés el pueblo filipino para dar el grito de Caloocan y luchar con Bonifacio en Balintawak; ni conocía el idioma de Shakespeare aquella hueste heroica que en los llanos del centro de Luzón hizo frente, con tanta grandeza de corazón como escasez de balas y fusiles, a los ejércitos de Norteamérica dotados de todos los medios de combate y provistos de numerosa artillería. Y el Congreso de Malolos, que promulgó una Constitución para el pueblo entre el silbido de los proyectiles y el estruendo de las bocas de fuego, deliberó en castellano y lo declaró idioma oficial de la República Filipina.

10. DAVID P. BARROWS O LOS INFORMES NORTEAMERICANOS SOBRE EL ESPAÑOL FRENTE AL INGLÉS

En el octavo informe anual (*Eight Annual Report*) del director de educación, David P. Barrows, fechado 1 de agosto, 1908 (publicado por el Bureau of Printing, 1957, Manila) se encuentran las siguientes observaciones sobre el idioma español en su página 94:

> Of the adult population, including persons of mature years and social influence, the number speaking English is relatively small. This class speaks Spanish, and as it is the most prominent and important class of people in the Islands, Spanish continues to be the most important language spoken in political, journalistic and commercial circles.

Esta observación señala que la población adulta del país, que incluye a personas de años maduros y de influencia social, "tenía al idioma español como su lengua", por lo que el mismo idioma español continuaba siendo la lengua más importante hablada en todos los círculos comerciales, políticos y de prensa. Esta observación confirma el dato dado por el abogado Don Luciano de la Rosa sobre el español, siendo el segundo idioma del sesenta (60%) por ciento de la población total de Filipinas durante las primeras cuatro décadas de 1900.

11. AUMENTAN POR EL CONTRARIO LOS HISPANOHABLANTES CON LA INTRODUCCIÓN DEL INGLÉS

Lo más curiosamente significativo es que la supuesta alfabetización o escolarización en inglés, dada en las escuelas públicas establecidas por los norteamericanos desde 1900, "tendía a producir un número mayor de filipinos de habla española y no de habla inglesa". Es por eso que es el mismo director de instrucción, Mr. David P. Barrows, el que, alarmado y casi indignadamente, escribe lo que sigue:

> It is to be noted that with the increased study and use of English, there has been an increased study of Spanish. I think it is a fact that many more people in these islands have a knowledge of Spanish now than they did when the American occupation occurred (96).

Tras pedir más fondos con miras de presupuestar *night schools*, o escuelas que también tengan clases nocturnas, por las que se tenía que redoblar la enseñanza e imposición del inglés sobre los niños y adultos filipinos con el objetivo de no dejarles dentro de la influencia del predominante idioma español, dicho Mr. Barrows se pone a asegurar al mundo —y muy a la manera de un autoconsuelo para sí mismo y para sus superiores en Washington D.C.— que el idioma español, con ciertas medidas tomadas en su contra, tendría que desaparecer a la larga porque los filipinos están lejos de los países de habla española, por lo que no podrían tener ningún apoyo por parte de aquéllos. Afirma Mr. Barrows: "Pero, a pesar de estos hechos, a favor suyo, el idioma español va a desaparecer porque carece del apoyo de los países de habla española adyacentes a nosotros (96)".

En esta observación bien puede espigarse la política de los norteamericanos de aislar adrede a Filipinas del mundo hispánico al que pertenece.

12. UN VERDADERO CASO POR EL QUE SE PROHÍBE LA ENSEÑANZA DEL ESPAÑOL OCURRIDO EN SILAY, NEGROS OCCIDENTAL, EN 1914

Reproducimos la crónica de un caso que habla por sí solo. "Silay y el español", aparecido en la página 142 del libro *Crónicas Visayas* por Iturriaga de Panay, ciudad de Iloílo, Filipinas, julio de 1914. Se dice:

> Recordarán ustedes que el pueblo de Silay, Negros Occidental, sintiéndose filipino por derecho propio, acordó cultivar y defender el idioma español que modela y define la personalidad nacional de estas Islas, aunque el cobeto se dibuje siempre con sus dialectos

propios. Y para tan noble empresa, fundó el pueblo de Silay la primera Escuela de la Lengua Española que registra el amor nacional filipino.

Pues bien. Esa Escuela que hace muy poco tiempo empezó a trabajar con un altruismo incomprensible para los científicos modernos de a tanto el kilo de meollo, y que ha sido, y está, siendo objeto de alabanzas, donativos y estímulos generales, resulta ahora, nada menos que amenazada de muerte por el elemento que así mismo se llama director de la educación escolar filipina, bien que ese elemento, por ser oficial, niega la intención del crimen, aunque no puede ocultar sus deseos.

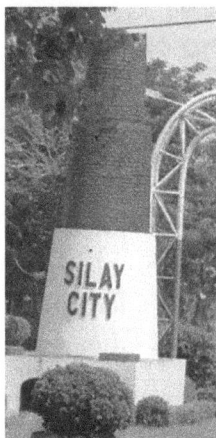

El diario de Bacólod, el *Atalaya de Negros* (dirigido por D. Aurelio Locsin y Lacson), ha publicado el primer acto de ese drama pasional, que nosotros, sin ser los autores, dedicamos especialmente al Honorable (Rafael) Palma, el mismo que, discurriendo en español (porque de otro modo discurriría menos que un colchón), aconsejó a los maestros de las Escuelas Públicas que velasen por la enseñanza del idioma inglés, para hacer méritos y obtener medro personal.

El argumento es el siguiente: En Silay se ha dicho, hasta en los más apartados bahais, que los alumnos de las Escuelas Públicas que asistan en horas libres a la Escuela de Lengua Española, serán expulsados de dichas Escuelas Públicas… Y, naturalmente, la enormidad del dicho provocó de las partes interesadas reclamos y explicaciones.

Porque, si por medios indirectos y ventajosos se tira a inutilizar la acción legal, cultísima y patriótica de la Escuela de la Lengua Española de Silay, es evidente la indigestión de español que padecen los que, prometiendo dejar libre a Filipinas antes de nada, le impiden el libérrimo derecho de estudiar el romance castellano, que es, aunque el Honorable (Sr. Secretario de Instrucción) lo disimule, el único en que Palma puede ser útil a su patria.

13. LOS FILIPINOS DE ORIGEN CHINO ADOPTAN EL ESPAÑOL COMO SU LENGUA

Por otro lado, el memorándum-informe sometido por Don Carlos Palanca a la Schurmann Commission de 1906, tomado de *Tulay*, semanario de la comunidad china de Manila, en su edición del 19 de abril de 1997, en un artículo escrito por el investigador e historiador Pío Andrade, señala que: "Fuera de las ocho provincias tagalas a quienes describe como de habla española, todavía viven otras ocho provincias más, fuera de aquéllas, que son igualmente de habla española". Además de estas dieciséis provincias de habla española, añade el mencionado artículo de Tulay, Don Carlos Palanca nos señala a cinco otras provincias más donde "se habla poco el español".

Los datos dados por Don Carlos Palanca fueron altamente considerados como de "mucho peso" por la Comisión Investigadora y Legislativa de Schurmann, porque venían del chino cristiano más rico de las islas y que encabezaba el poderoso Gremio de Comerciantes Chinos Cristianos que, a su vez, tenía al día todos los datos pertinentes al mercado local que servía. De hecho, las actas de ese gremio hasta 1930 están escritas en español.

14. *ASIMILACIÓN BENEVOLENTE* Y UN TAL JOHN EARLE STEVENS

Un misionero protestante de Estados Unidos, John Earle Stevens, en su libro titulado *Yesterdays in the Philippines* en 1899, escribe con irrisión, sino con envidia, sobre el idioma español en Filipinas "estando en todas partes *(being everywhere)*". En la página 11 de su mencionado libro, nos dice con cierto aire de desdén:

> Spanish, of course, is the court and commercial language and, except among the uneducated native who have a lingo of their own or among the few members of the Anglo-Saxon colony, it has a monopoly everywhere. No one can really get on without it, and even the Chinese come in with their peculiar pidgin variety.

John Earle Stevens se encuentra desde luego en una Manila derrotada y como miembro de la casta victoriosa de los anglosajones que destruyó, tras robar sus reservas en oro y plata valoradas en más de cien billones de dólares, a la República de Filipinas de 1896-98. El mencionado Mr. Stevens se permite demostrar su racismo y su *bigotry* o intolerancia y, muy petulante y muy arrogantemente, escribir la siguiente ofensa a las razas existentes dentro del marco filipino:

> As to population, Manila, in the larger sense, may hold 350,000 souls, besides a few dogs. Of the lot, call 50,000 Chinese, 5,000 Spaniards, 150 Germans, 90 English and 4 Americans. The rest are natives or half-castes of the Malay type whose blood runs in all mixtures of Chinese, Spanish and what not proportions, and, whose Chinese eyes, flat noses and high cheek-bones are queer accompaniments to their Spanish accents. Thus, the majority of the souls in Manila —like the dogs— are mongrels, or mestizos, as the word is, and the saying goes that happy is the man who knows his own father.

Ninguno de los cronistas españoles que han escrito sobre los habitantes de estas islas, entre 1521 y 1898, han escrito de Manila tan "graciosa" como irresponsablemente sobre los filipinos en general. Esta imagen racista, dada por este sectario anglosajón, de los filipinos, bien pudiera ser la razón por la que los invasores estadounidenses no vacilaron en cometer una serie de genocidios, además de cometer toda clase de atrocidades, en contra de los mismos filipinos, sea individual y colectivamente.

Lo que es odioso es que todavía tenemos a unos "historiadores" en inglés que muy fácilmente atribuyen a los misioneros y bienhechores españoles las atrocidades y el genocidio que precisamente cometieron los norteamericanos. Y éstos hasta nos hablan de una supuesta, por inexistente, asimilación benevolente.

Bien pudiera haber habido una asimilación benevolente por parte de los *wasp* usenses si Filipinas hubiese sido admitida como un estado más de la U.S.A., y si todos los filipinos hubiesen sido convertidos en ciudadanos estadounidenses (*American citizens*) en la misma manera y forma en que fueron, dichos filipinos, convertidos en ciudadanos o súbditos españoles en 1599 cuando sus reyes indígenas aceptaron al Rey de España como su soberano natural.

15. EL INFORME FORD DE 1916 DESMIENTE LA CIFRA DEL 10% EL CENSO DE 1903-05

Otra fuente reveladora de la extensión nacional en que se utilizaba el idioma español en Filipinas es el Informe de Henry Ford de 1916 al Presidente Woodrow Wilson de Estados Unidos. Aunque el censo de 1903, preparado por el gobierno de ocupación norteamericano, dio a entender que el idioma español "lo hablaría tan solamente el diez por ciento de los filipinos", el mencionado *Ford Report of 1916* en sus páginas 365 y 366 nos lo desmiente con sus observaciones. Dice:

> Hay, sin embargo, otro aspecto en este caso que se debe considerar. Este aspecto se me presentó a mí mismo cuando iba viajando por las islas, usando la trasportación ordinaria y mezclándome con toda clase de gente de todas las condiciones [...] Aunque a base de estadísticas escolares se hace la declaración de que son más numerosos los filipinos que hablan inglés frente a cualquier otro lenguaje, nadie ha de estar de acuerdo con esta declaración si ha de depender del testimonio de lo que le llega al oído. En todas partes el español es el idioma del negocio y del intercambio social. Para que cualquiera pueda conseguir una pronta atención de quienes sea, el español resulta ser más útil que el inglés. Y fuera de Manila, es casi indispensable. Los americanos que viajan por todas las islas lo usan de costumbre.

16. EL ESPAÑOL ES LA LENGUA DE LA POLÍTICA, EL COMERCIO Y LA SOCIEDAD EN FILIPINAS

Como ya hemos señalado con las observaciones en 1908 del director de educación, Mr. Barrows, la preponderancia del español seguía alarmando a los *wasp* usenses puesto que su agenda de imponer tiránicamente el idioma inglés sobre el pueblo filipino, corría el peligro de fracasar.

Bien seguros estaban de imponer el inglés en sólo diez años más a partir de 1916, año en que también se aprobó la supuesta ley Jones de independencia para Filipinas. Pero, es el mismo Henry Ford el que, en 1916, dio la segunda voz de alarma. Y la dio en los siguientes términos:

> Mientras tanto, el uso del español, en vez de disminuir ante la propagación del inglés, parece expandirse por su propia cuenta. Este hecho ha merecido la atención oficial. El informe del Director de Educación para el año 1908 dice en su página 9 lo que sigue: "El español continúa siendo la lengua más prominente e importante hablada en los círculos políticos, periodísticos y comerciales. El inglés tiene rivales activos como el lenguaje de intercambio y de instrucción. Es igualmente probable que haya ocurrido una disminución de interés por parte de la población adulta de aprender el idioma inglés".

17. LA PRENSA FILIPINA ESTÁ EN ESPAÑOL Y NO EN INGLÉS

Las quejas en contra de la popularidad del idioma español en Filipinas venían una tras otra por parte de la citada autoridad "educativa" empeñada en nada más que en la imposición del inglés. Así seguía diciendo el informe Ford:

> "Creo que es un hecho el que mucha más gente ahora conoce más el idioma español que cuando nosotros, los norteamericanos zarpamos a estas islas y consumamos su ocupación..."; "La demanda general de los despachadores es que sepan el inglés y el español"; "A través del gran aumento en número y circulación de diarios y periódicos, hay mucha más lectura ahora en español que antes..."; "Hay un significado inconfundible en el hecho de que en todas estas islas no exista un periódico filipino publicado en inglés"; "Todos los periódicos indígenas se publican en español y en el vernáculo. *La Vanguardia*, el diario de

Manila de mayor circulación, tiene su sección en español y su sección en el vernáculo y la mayoría de los periódicos isleños siguen esta práctica"; "El *Philippine Free Press*, el periódico de más circulación bajo control norteamericano se publica en inglés y en español y todo el resto de los periódicos norteamericanos usan el español en conjunción con el inglés"; "El único periódico puramente bajo control filipino que también usa el inglés es el órgano revolucionario *The Philippine Republic* que se publica en Hong Kong. Está en inglés y en español siendo su meta llegar a lectores norteamericanos en su interés de fomentar la independencia filipina".

18. EL GENOCIDIO COMO POLÍTICA

El informe del director de educación en 1908 atribuye la rémora, en la propagación del inglés, a la acción del gobierno de extender el tiempo durante el cual se siga permitiendo el uso del español en los documentos oficiales. Continúa diciendo el *Ford Report:*

> La fecha fijada para que el inglés sea la lengua de los tribunales fue aplazada hasta el 1 de enero de 1911. Esta acción, aunque recomendada por el hecho de que un mayor número de jueces y abogados quedan insuficientemente entrenados en inglés, ha tenido un efecto desventurado sobre la confianza pública en la adopción final del inglés como la lengua oficial del gobierno.

Sin embargo, el director de educación expresa la creencia de que la ascendencia del español era tan solamente temporaria. Sigue:

> La nueva generación, que se impondrá en los asuntos de estas islas dentro de diez años más, no va a usar el español para sus propósitos de ordinario y su influencia será decisiva. El español cesará de ser la lengua de los tribunales el 1 de enero de 1911. Está rápidamente cesando como medio de la correspondencia administrativa. Es probable que tardará más aun su uso oficial como la lengua de los legisladores.

Pero el vaticinio sobre la desaparición proyectada del idioma español en Filipinas no se cumplía a pesar de tantos años de trabajo y dinero invertidos en su contra. Es por eso que Mr. Ford nos lo señala en los siguientes términos:

Esto [la desaparición del idioma español] se dijo hace cinco años, pero los sucesos desde aquella fecha no se han cumplido con estos vaticinios. El uso del español como lengua oficial se ha extendido hasta el 1 de enero de 1920. Su uso general parece expandirse más aun.

La persistencia del español como lengua filipina no podía desaparecer mientras la paz permitía la normal sucesión de las generaciones filipinas. Se tenía que tomar una medida violenta. Y esa medida violenta se tomó en lo sucesivo mediante masacres llevados a cabo con disimulo so pretexto de una guerra o una revolución creada por la misma potencia invasora, hasta la total consumación en la Segunda Guerra Mundial.

19. ADQUISICIÓN MÁS FÁCIL DEL ESPAÑOL POR PARTE DEL INDÍGENA FILIPINO

Henry Ford muy claramente observó que los indígenas filipinos estaban predispuestos a fácil y rápidamente adquirir el español por encima del inglés, que era más difícil para ellos por ser un idioma antifonético, no se pronuncia como se escribe. Dice Mr. Ford:

Los indígenas lo adquieren como una lengua viva. Lo oyen de gente que acaudilla a la comunidad y su oído está acostumbrado a su pronunciación. Por otro lado, este pueblo está prácticamente sin la menor base fonética de adquirir el inglés y el resultado es que lo aprenden como un lenguaje de los libros en vez de aprenderlo como un idioma vivo. El inglés queda valorado como una cualificación importante para ganarse un empleo, particularmente en el servició del gobierno, pero es cierto que hasta la fecha no demuestra la menor tendencia de haberse impuesto por encima del español o del vernáculo de uso común.

Uno de los importantes aspectos del Ford Report es la obvia desesperación por parte de los estadounidenses ante el continuado uso oficial del idioma español en Filipinas, amén de su influencia de raíz en las lenguas indígenas de Filipinas, en el idioma tagalo sobre todo. Esa desesperación es la razón tras los siguientes pasos "legales" que tomaron en contra del idioma español en estas islas, a costa del progreso de las futuras generaciones de filipinos que, después de forzárseles el inglés —a costa del mismo dinero que contribuyen a su República Filipina—, ni lo hablan bien ni lo escriben con corrección. Y cuando esos pasos "legales" fracasan, no vacilan, dichos *wasp* y sus lacayos de la élite pensionada, en recurrir a pasos menos legales.

20. VICENTE BLASCO IBÁÑEZ EN 1924

El novelista más leído de aquel tiempo era el español Don Vicente Blasco Ibáñez. La mayoría de sus novelas fueron traducidas al inglés y producidas en forma de exitosas películas de Hollywood, como *Los cuatro jinetes del Apocalipsis*, cuyo primer protagonista fue el ídolo del público norteamericano, Rodolfo Valentino.

En 1924 Don Vicente pasó por Filipinas mientras hacía un viaje alrededor del mundo. Al llegar a Manila fue muy calurosamente recibido por ambos, el gobierno de ocupación y el subyugado pueblo filipino. Hasta la Legislatura Filipina encabezada por Quézon y Osmeña le recibieron con honores a Don Vicente, durante una sesión plenaria de dicha legislatura a la que el novelista dirigió unas palabras.

Vicente Blasco Ibáñez.

Don Vicente dio dos o tres conferencias, una en la Universidad Estatal de Filipinas y otra en la Escuela Normal de Filipinas, fundada durante el tiempo español. En una de sus conferencias, Don Vicente Blasco Ibáñez dijo:

> Y os encuentro especialmente a todos vosotros, hijos de las Islas Filipinas, que verdaderamente me habéis sorprendido, porque yo, al llegar a este país me imaginé que únicamente me encontraría con algunos intelectuales que hablarían el español, que conservarían el recuerdo del idioma español, Y ME HE ENCONTRADO CON UN PUEBLO CULTO, con un pueblo vigoroso, con un pueblo que tiene derecho a una vida amplia, inmensa, Y COMO SÍMBOLO ESPIRITUAL DE SU PERSONALIDAD, EMPLEA EL IDIOMA DE ESPAÑA, IDIOMA DE SUS PADRES, EL IDIOMA DE LA CIVILIZACIÓN EUROPEA QUE VINO AQUI POR PRIMERA VEZ.

Y esto lo dijo uno de los principales escritores españoles en su discurso, recogido en *Vicente Blasco Ibáñez en Manila,* por José Hernández Gavira, Imprenta The Times Press, 1924, Manila.

21. FORZANDO EL INGLÉS CON UNA SERIE DE LEYES NEOCOLONIALES

Sigue diciendo el *Ford Report:*

> El archivo sobre la acción oficial en cuanto al idioma demuestra una serie de pasos de rendición frente al continuado uso del español ante el stress, o el apuro, de la necesidad. La intención original fue imponer la rápida substitución del inglés. La ley No. 190 de la Comisión tenía provisto que el inglés debe imponerse como la lengua oficial de todos los tribunales y todos sus archivos después del 1 de enero de 1906. La ley No. 1427 extendió ese tiempo al 1 de enero de 1911. La Ley No. 1946 extendió otra vez ese tiempo a enero 1 de 1913. Por Orden Ejecutiva No. 44, fechada 8 de agosto de 1912, el requisito legal fue enmendado y terminó siendo nada más que una expresión de preferencia

por el inglés. Este documento instructivo se incluye aquí como el Anejo B. La imposibilidad de sustituir el español con el inglés en el proceso judicial y en los gobiernos provincial y municipal es de tal índole que aun queda la probabilidad de que aunque se declare oficial el idioma inglés el 1 de enero de 1913, el español ha de continuar usándose por conveniencia oficial. Esta situación anormal tampoco fue terminada por una ley pasada el 11 de febrero de 1913. Esta ley tiene provisto que mientras el inglés es la lengua oficial, el español también será una lengua oficial hasta el 1 de enero de 1920. No existe ninguna perspectiva en el tiempo actual que nos indique que el español pueda ser descartado en 1920 o en otro año futuro ya que, por lo visto, su puesto como lengua oficial queda aseguradamente establecido.

Y estas reflexiones se leen en el *Ford Report of 1916*, #4. "Increasing the use of Spanish", páginas 366 y 368; #5. "Legislation as to Language", páginas 368-369.

22. EL GOBIERNO COLONIAL NORTEAMERICANO SE ENTREGA A UNA CASTELLANOFOBIA OFICIAL

No pudiendo suprimir el uso oficial y nacional del idioma español en Filipinas, tal como lo tenían proyectado los colonialistas americanos, el gobierno colonial que controlaba por la fuerza las islas, persiguió directamente el uso por parte de los filipinos de este idioma, de forma indecorosa, irracional, arbitraria e injusta.

Ante esa escandalosa persecución genocida, la prensa filipina en español reaccionó debidamente. El escritor Ímprogo Salcedo, en un editorial del diario manileño *La Opinión*, escribió lo que sigue el 2 de septiembre de 1916:

> No sabemos qué grado de sinceridad o buena fe tiene esos profetas castellanófobos, ni nos compete averiguar qué alcance y penetración tiene su visión escrutadora. Lo que sí sabemos y debe de saber todo el mundo a ciencia cierta, porque a voz de cuello lo vienen pregonando los hechos, es que cada día arraiga más hondo el castellano entre nosotros y acrecen más en

proporción las multitudes que lo hablan y cultivan con rendido amor. Parece que a cada tentativa de ahogarlo respondiera una reacción correspondiente en sentido de vigorizarlo aún más.

Ello podrá ser plausible o no: es cuestión puramente de prisma personal del que no queremos hoy ocuparnos; pero es un hecho evidente que hay que reconocer. Cada día es mayor el número de alumnos que se gradúan en centros docentes en que el castellano es la lengua predominante. Las anuales convocatorias para exámenes de abogados, viene demostrando que cada año aumenta abrumadoramente el número de examinandos que no hablan más que castellano: en la convocatoria de este año, de los 400 y tantos que se examinaron, solamente unos 30 lo hicieron en inglés.

¿No demuestra todo esto que el castellano, a pesar de los grandes y poderoso estímulos que de continuo y sin tasa brinda el gobierno en favor del inglés, se abre paso entre nosotros más expeditativamente que este idioma?

Y sin embargo, no queriendo plegarse a la realidad de los hechos, el gobierno arrecia más cada día su campaña en contra del castellano. La última manifestación morbosa de esta castellanofobia —llamémoslo así— es la reciente medida decretada por la oficina de Instrucción Pública haciendo obligatorio en los colegios de Derecho el uso de textos en ingles de tratadistas americanos.

En otro editorial del mismo periódico fechada 2 de diciembre de 1916, el mismo escritor filipino escribe:

La castellanofobia oficial va en auge constante. Es ya cosa sin remedio, desgraciadamente, la guerra a muerte declarada por la actual administración —que en este particular parece sobrepujar a cuantas le precedieron— contra el odiado, desvalido idioma castellano.

No, no es verdad que el castellano sea el idioma de la generación que se va y el inglés de la que viene. No son tan solo nuestros viejos los que por rutina o egoísmo se aferran al castellano, como hiedra que al derruido muro se abraza. Gran parte de nuestra juventud, una inmensa mayoría de ella insiste gallardamente en cultivar el castellano con preferencia sobre el inglés.

Jóvenes son la mayoría de los miembros de la Cámara de representantes, y ninguno de ellos se expresa en inglés. Jóvenes son, están en la flor de la juventud, casi todos los que de año en año vienen habilitándose ante la Corte suprema para el ejercicio de la abogacía en las Islas, y de ellos el noventa por ciento no hablan más que el castellano. ¿Donde está aquí el divorcio entre el castellano y la juventud?

Si porque una parte de la juventud intelectual filipino habla y piensa en inglés, se ha de seguir de ahí que el porvenir es para ese idioma, es porque se cree que la otra parte que piensa y habla en español no merece el calificativo de intelectual o es su intelectualismo inferior en calidad. Y esto es, cabalmente, lo que todavía no se ha podido demostrar.

23. DISCRIMINACIÓN OFICIAL CONTRA LOS FILIPINOS DE HABLA HISPANA

El gobierno norteamericano sobre los filipinos no solamente hizo una mentirosa propaganda denigrante en contra del valor práctico y uso lícito del idioma español en las primeras dos décadas del siglo XX, sino que puso en marcha una discriminación oficial en contra de éstos en el terreno del trabajo y de la oportunidad económica dentro del mismo territorio nacional.

En otro editorial titulado "Favoritismos injustos" de *La Opinión* de Manila con fecha 16 de septiembre de 1916, el escritor filipino Ímprogo Salcedo dijo:

> Queremos ser explícitos de una vez por todas y hemos de decir sin tapujos [...] que nosotros creemos sinceramente que el Gobierno obra malaconsejadamente y con bien poca equidad al presuponer que los jóvenes procedentes de las escuelas oficiales tuviesen el

monopolio del saber y la capacidad. Sale un graduado de la Universidad oficial [...] y todo es aliciente y protección para el tal, aunque sus títulos de mérito no fuesen cosa del otro jueves. Mas fijaos en el contraste: un poseedor de título académico en castellano, así se consuma en afanar sin tregua, y no importa que sus méritos sean ostensibles e indiscutibles, gracias si podrá conseguir, tal vez que otra, alguna breve atención oficial. La injusticia es notoria, sin que la suavice su carácter involuntario. Y es brutal, deprimente el contraste a que da margen. Las más nimias perogrulladas, los decires de segunda mano, exhibiéndose en arreo sajón, pasan por brillantes flores de cerebración intensa. Mas haced en castellano —sobretodo en castellano "verdad"—las más originales sutilezas del pensamiento, los más soberbios alardes de virilidad cerebral... y veréis formarse un vacío en vuestro derredor. Y es que ya sólo se tolera el castellano en los hombres de nuestra política. Y aun estos mismos tienen que prestar vasallaje al imperio omnímodo del inglés, farfullando, bien o mal, frases hechas al uso corriente. Téngase bien presente que todo cuanto América haga en reconocimiento de nuestra capacidad, es un homenaje que indirectamente hace a España por cuanto es España la que nos ha dado esa capacidad.

Así se hablaba en *Por el idioma y la cultura hispanos*, Manila, Universidad de Santo Tomás, 1917, páginas 102 y 103. Es casi prolijo añadir más comentarios a lo que el escritor Ímprogo Salcedo escribe como testigo ocular y objeto de tan tiránica y sectaria persecución oficial en contra del originario filipino haciendo uso de su lengua originaria en su propio país.

Lo que sí podemos añadir es que aquella persecución oficial en contra del castellano en Filipinas se ha estado haciendo también en contra del idioma nacional filipino, y en contra de los otros idiomas nativos como el cebuano, el ilongo, el ilocano, el bicolano, etcétera.

Las circunstancias que se desprenden en torno del empeño *wasp* de borrar por completo el idioma español en Filipinas no se ha limitado, por cierto, a las persecuciones y discriminaciones oficiales que testimonian los Improgo Salcedo. Han llegado al extremo de erradicar, de forma indirecta desde luego, a comunidades filipinas, desde el mismo momento de la ocupación del archipiélago a su "gloriosa" liberación en 1945. En fin, lo que es sencillamente un genocidio.

24. LOS EDUCADOS EN INGLÉS FUERON DENOMINADOS EX-FILIPINOS POR SUS MAYORES

Un editorial de *El Comercio* de 1924 califica de "exfilipinos" a ciertos individuos subsirvientes que demandaban la imposición forzosa del idioma inglés como el único oficial del país. El aludido periódico, representante como era de los filipinos que, como Rizal y Mabini, hablaban y escribían en español, rotundamente condenaron a los referidos individuos como "exfilipinos". Dice aquel editorial, "Escriptum est", aparecido el 18 de enero de 1924:

> Y ahora que Blasco Ibáñez se ha ido, ahora que la duda que abrigábamos sobre su españolismo se ha desvanecido para siempre, ahora que tenemos la solemne promesa de que su pluma está al servicio de Filipinas, algunos exfilipinos, renegando de su pasado y de su historia, en estos precisos momentos históricos, y atacados de rinderpest mental, vuelven a pedir —y en estos momentos, repetimos, de gloria para España y Filipinas— la implantación del inglés, entiéndase bien, como único lenguaje oficial de Filipinas que habla, y habló, el castellano durante tres centurias, y cuya constitución como pueblo también se halla escrita en castellano. La historia de nuestra indignidad como pueblo está escrita. No. De nosotros no protestamos. Protestamos en contra de esa generación insuficiente que pretende ser superior a la civilización hispana. Y, ¿por qué méritos? ¡Por su audacia y su ignorancia amen de su cobardía! Hablad en inglés— dijo Blasco Ibañez—. Es un idioma mundial. Pero hablad también en español que es otro idioma mundial. Si el filipino olvidase el español, sería semejante al soldado que dispusiera de un magnífico fusil de repetición, de tiro larguísimo, y lo arrojase al suelo prefiriendo mejor un arcabuz más corto.

Pero la agenda de borrar el español no conoce límites. Y esa misma agenda se volvió en contra del idioma nacional, el filipino.

25. LEYES POR EL ESPAÑOL

Pero cuando la legislatura filipina pasó la ley incluyendo como asignatura al idioma español, los lacayos de los americanos objetaron por ser ésta, según ellos, "una lengua legislada". El neocolonizador impuso el inglés sobre los incautos filipinos por fuerza de leyes neocoloniales, tal como ya lo citamos más arriba, pero cuando la entonces independiente Legislatura Filipina aprobó las leyes de Magalona (1957) y Cuenco (1960), incluyendo al idioma español como una asignatura regular en el programa general de estudios universitarios, los anglosajones, desde la sombra, se agitaron y trabajaron sobre sus lacayos pensionados, en las esferas de la educación como de la política, para que éstos atacasen en la prensa esas leyes a favor del idioma español, a cada apertura escolar de cada semestre. No querían los sectarios que el español permaneciera ni siquiera como una mera asignatura regular en el programa general de estudios del sistema educativo pagado por contribuyentes filipinos.

Los ataques se hacían con bastante frecuencia en la prensa local controlada por anuncios de compañías locales y transnacionales que dependían de empréstitos y dinero norteamericanos. Alegaban que todos los españoles son malos y que el idioma español es inútil para los filipinos, como la lengua que es del opresor hispano. La mayoría de los incautos estudiantes filipinos de aquellos días eran unos despistados por su educación en inglés, y tan solamente pensaron en tener una asignatura menos. Buen número de ellos llegaron a odiar al idioma español porque estaban mentalmente envenenados en sus clases de historia en contra de la labor de España en estas islas, y aquellos ataques en contra de los españoles y todo lo que es Hispanidad; parecían corroborar lo que habían aprendido. Sin que lo supiesen, dichos estudiantes fueron utilizados osada y astutamente por una intelligentsia afín a los intereses del modelo económico norteamericano, en los años de la Guerra Fría. Muchos de dichos estudiantes fueron pagados con dinero y organizados en asambleas callejeras manipuladas a fin de supuestamente protestar en contra de la enseñanza "obligatoria" del español. Repetían como meros papagayos lo que les dictaban los esbirros políticos y "educadores". Es por eso que venían alegando que el español era un idioma muerto. Y por serlo, concluían erróneamente que este idioma era de hecho innecesario para el desarrollo intelectual de los estudiantes filipinos. Se les dijo igualmente a los estudiantes que las cuatro clases de español eran una carga económica para ellos y que se ahorrarían en tiempo y dinero si votaban a favor de la constitución Cory de 1987 que, a su vez, abrogaría la enseñanza regular de dicho idioma español en el nivel universitario.

Tras la supresión del español como asignatura regular en 1987, lo que ya se viene identificando como una carga económica es la imposición de muchas más asignaturas de inglés, en todos los niveles de la educación filipina, para luego tener a los graduados en un estado de analfabetización funcional, puesto que la inmensa mayoría de los graduados filipinos no llegan a dominar el inglés pasablemente bien. Para colmo, ni llegan a dominar lo suficientemente su propia lengua nacional como para usarlo oficial o literariamente como una alternativa al inglés obligatorio que se les impone implacablemente.

A raíz de esta confusión lingüística y pobreza mental, dichos graduados filipinos quedan usualmente desempleados y económicamente dislocados en su propio país y no encuentran, en su inmensísima mayoría, el puesto

Trabajadores filipinos en el extranjero.

de trabajo que se les promete, aunque se diga que sepan chapurrear el inglés. Se les tiene que exportar como ganado en el Medio Oriente, o en los vecinos países para servir de domésticos o de elementos de prostitución. Son la mano de obra barata del capitalismo mundial.

26. EL GRUPO DE IDENTIDAD NEOCOLONIAL: SECRETARIOS DE EDUCACIÓN Y POLÍTICOS QUE ENDEUDAN POR SU CORRUPCIÓN AL PUEBLO FILIPINO CON LOS BANCOS ESTADOUNIDENSES

Desde los años cincuenta, casi todos los secretarios filipinos de educación eran protestantes afines al modelo americano. Por ese trasfondo sectario que tienen, iban erróneamente asociando el idioma español con el catolicismo. Con los políticos filipinos de habla inglesa, los referidos secretarios de educación y cultura filipinas eran y son, los que obedecían, y obedecen a ciegas, las instrucciones de los *wasp* que controlan el Banco Mundial (WB), el *Summer Institute of Linguistics* y el Fondo Monetario Internacional (IMF) porque, para colmo, el mismo Departamento de Educación, Cultura y Deportes de Filipinas (DECS), como todo el gobierno filipino, ya está profundamente endeudado con estos bancos.

Es este tinglado de educadores traidores y políticos desfilipinizados el que ha venido endeudando al pueblo filipino con dichos bancos, por lo que aquéllos, con descaro, obligan ahora al entero estudiantado filipino a pagar altas matrículas por las asignaturas obligatorias de inglés, además de igualmente obligar, a todos los filipinos, a igualmente pagar el muy alto costo confiscatorio de la electricidad y de las aguas potables, amén del alimento, la medicina y la vivienda. Es por eso, que el pueblo filipino de hoy vive arruinado económicamente por la terrible corrupción, el pillaje (*plunder)* y la avaricia (*greed*) de los políticos controlados por los neocolonialistas.

Si se comparan los supuestos abusos y desmanes de los gobernantes españoles en estas islas con este terrible pillaje económico por parte de los títeres de los neocolonialistas, dichos gobernantes españoles del pasado resultarían verdaderamente unos santos frente

a sus actuales sucesores que chapurrean el taglish mientras roban a mansalva el erario público de este país.

Al compararse los supuestos atropellos españoles, tal como nos lo dice José Rizal en sus dos novelas (*Noli me tangere* y *El filibusterismo*) con los crímenes de lesa patria que los *wasp* y sus *pinoyes* de hoy perpetran en contra del incauto pueblo filipino, lo denunciado por José Rizal contra todos aquellos españoles y frailes misioneros resultarían insignificante si no mentiras y calumnias fabricadas.

Rizal, si viviese hasta ahora, igualmente señalaría, como Claro M. Recto nos lo señaló, que es el *wasp* el mismo elemento neocolonizador que nefastamente sigue ordenando la supresión de la enseñanza regular del idioma español en Filipinas tras perpetrar su irracional abolición como nuestra otra lengua oficial. Y, a la postre, es igualmente este mismo elemento invasor el que ahora ordena que se suprima el idioma filipino como medio de instrucción en Filipinas, para obligar a todos al costoso aprendizaje de la lengua del mercado mundial, quiéranlo o no los mismos filipinos, para ser su mano de obra.

La orden de suprimir el español se cumplió en su plenitud cuando la inelecta Presidenta Cory Aquino dictatorialmente mandó escribir la innecesaria constitución de 1987 por la que el español quedó unilateralmente suprimido como mera asignatura y como lengua oficial de Filipinas. Se hizo inclusive la indecorosa campaña política con la desvergonzada promesa política a los estudiantes, hechos votantes, que ya no tendrían que estudiar español si aprobaban con su voto, en el intervenido plebiscito, la muy cuestionable Constitución Cory. Hasta a ese extremo de canallas se llegó para suprimir el idioma español en Filipinas de forma ilegal como irracional, mediante una "constitución" de origen muy cuestionable y oscura, ordenada por una presidenta que no había sido elegida en las urnas.

27. ENGAÑO POLÍTICO EN LA SUPRESIÓN DE LA DOCENCIA COMO DE LA OFICIALIDAD DEL IDIOMA ESPAÑOL EN FILIPINAS

La inmensa mayoría de los votantes filipinos tampoco sabían que al aprobar la innecesaria Constitución Cory de 1987 también le daban a la misma Corazon Aquino seis años más de presidenta sin pasar por una democrática elección presidencial. Por eso, Corazón Aquino es conocida como la "inelecta presidente de Filipinas", porque subió a ese puesto sin la debida elección democrática de entre candidatos contrincantes debidamente autorizados a presentarse como tales a unas elecciones nacionales.

Por otro lado, los sucesivos gobiernos filipinos firmaron un tratado de cooperación con España por el que se debiera dar paso a la enseñanza del español pero, como no son independiente en realidad, siguen haciendo caso omiso de la enseñanza regular que debiera hacerse del idioma español en todas las escuelas y los colegios del país. Recientemente, y en enero del año 2003, otro oficial inelecto de este país, ordenó unilateralmente la imposición del inglés como el único medio de instrucción, suprimiendo de esta forma hasta el uso oficial, aunque ya a un nivel secundario, del mismo idioma nacional filipino como medio de instrucción en casi todas las asignaturas filipinas en el Programa General de Estudios elementales y secundarios. La supresión del tagalo, base inicial del idioma filipino por constitución, se hace adrede y muy desvergonzadamente aunque sea un hecho el que esta actual juventud bien aprende, y con muchísima más facilidad, sus lecciones cuando se le enseña en su propia lengua en vez del inconsistente idioma inglés.

28. UNA AGENDA GENOCIDA EN CONTRA DEL PUEBLO FILIPINO

Al leer las quejas de los mismos administradores americanos en contra del uso preponderante del idioma español por parte del pueblo filipino, lo que siempre se hubo señalado como una exis-

"KILL EVERY ONE OVER TEN."
Criminals because they were born ten years before we took the Philippines.
—*The New York Evening Journal.*

Orden del Gral. Jacob H. Smith en la masacre de Balangiga indicando que se maten a todos los que sean mayores de diez años, en dibujo aparecido el 5 de mayo de 1902 en el New York Evening Journal.

Los soldados americanos posan ante centenares de cuerpos en Bud Datu, Joló, 1906.

tente agenda genocida contra los filipinos, por parte del espionaje militar de los mismos estadounidenses, salta a la vista.

Y esa agenda consiste en asesinar, primero abiertamente, después disimuladamente desde luego, a la población filipina, so pretexto de guerras o disturbios aislados. Los propios americanos reprodujeron sus masacres en Balangiga (1901), Bud Datu (1906), y la propia Manila en la Segunda Guerra Mundial (1945).

Tanque norteamericano destrozando el fuerte español de Manila en 1945.

La existencia de esta agenda genocida por parte de los que quieren dominar, desde la sombra por medio de su ingeniería cultural, a todo el gobierno y pueblo de Filipinas, ya se vio confirmada de forma patente cuando se asesinaron por millares a los residentes de Manila y cercanías, so pretexto de la "guerra de liberación" de Filipinas en 1945 contra los ocupantes japoneses. El cañoneo, estilo alfombra, que en 1944-45, adrede se ordenó sobre un Intramuros de habla española (juntamente con los cercanos distritos de Ermita y Binondo, donde también se hablaba el idioma criollo, o chabacano del español), queda desenmascarado como una taimada medida genocida tomada, no tan solamente en contra de las existentes iglesias católicas sino, igualmente, en contra de la población filipina que rezaba en español en esas mismas iglesias.

La resistencia, por parte del piloto americano Major John Cox, de obedecer la orden "de arriba" de bombardear a la iglesia de San Agustín de Intramuros, puesto que en la misma ya no había japoneses sino civiles filipinos, ya es una prueba suficiente del genocidio que se hizo mediante la violencia de las armas bélicas. Véase la página 34 del libro *San Agustín, Art & History*, 1571-2000, publicado en Hong-Kong, escrito por Pedro Galende y Regalado Trota José.

29. OTRAS PRUEBAS MÁS DEL GENOCIDIO

También queda como otra prueba contundente del referido genocidio, el conocido proyecto *wasp* de precisamente aterrizar sus tropas en Filipinas, en vez de Okinawa o Formosa. Pero el objetivo de destruir el componente hispánico de la identidad nacional filipina, con la destrucción del idioma español en estas islas, su patrimonio y hasta a su propia población, azuzó al alto mando *wasp* en Manila, ordenando su aterrizaje en Filipinas con el fin de enloquecer más aun a las ya desesperadas restantes tropas japonesas, aisladas en Manila, y empujarles hacia la orgía de matanza y de incendios que registra la historia.

Es obvio que los norteamericanos de hecho proyectaron efectuar, después de las matanzas y los incendios destructivos, una "nueva reocupación neocolonial sobre Filipinas" con el objetivo de socavar, cuando no anular, la supuesta dación de independencia filipina, tal como nos lo aseguraban las leyes Tydings-MacDuffie y Jones. Véase al respecto el documentado ensayo en tres partes del exdiputado Jesús B. Lava titulado: "Liberation or Reoccupation?", (1.a) "Was the destruction of Manila during WW II necessary?"; (2.a) "MacArthur's main mission: Install a US puppet gov't."; (3.a) "Lack of nationalism did us in", aparecidos en el *Philippine Daily Inquirer*, el 2, 3 y 4 de febrero de 1995.

Se cometieron, por lo visto, dos verdaderos genocidios (uno entre los años 1899-1907 y otro en 1945) cuyos resultados posteriores todavía los podemos ver en una juventud filipina completamente disociada de su pasado, un pasado glorioso que fue forjado en lengua española.

30. TESTIMONIOS ORALES DEL GENOCIDIO

Existe otra prueba más de la existencia del citado genocidio como proyecto por parte de los *wasp* frente a la población civil filipina y, en especial, sus cuerpos directivos de habla hispana. La destrucción de Intramuros, la originaria ciudad de Manila, donde vivía toda una comunidad de filipinos de habla española, fue adredemente llevada a cabo para dispersar a los elementos de esta comunidad.

Es verdad que los enloquecidos soldados japoneses quemaron muchas casas y edificios antiguos de Intramuros y alrededores, pero cuando ya se terminó la guerra y los originarios residentes quisieron volver a sus hogares para reconstruirlos y volver a vivir en ellos, los militares estadounidenses prohibieron dicha reconstrucción, porque no querían que los residentes de Intramuros continuasen en su sitio. Esto lo escuchamos como testimonio directo de Francisco González, residente originario de Intramuros, presentado al Foro Cervantes, Manila, el 27 de agosto, 2003.

Fotos de la casi total destrucción de Intramuros tras el bombardeo estadounidense durante la Liberación de Manila en 1945.

Y para que dicha vuelta a la normalidad no se formase de nuevo, los militares *wasp*, bajo órdenes incomprensibles para los afectados de aquellos tiempos, entraron en Intramuros con tanques de guerra y grúas, con el fin de derribar todo lo que quedaba en pie. Como testimonio pictórico del crimen contra la población y el patrimonio manileño, existe un retrato de un tanque de guerra estadounidense forzando su entrada en el estrecho portal del Fuerte de Santiago, destruyéndolo en el acto (véase página 111).

La misma destrucción genocida se verificó en la ciudad puerto de Cavite y en su inmediato pueblo de San Roque, donde se dispersó adrede su población de habla hispano-criolla, so pretexto de la guerra contra el Japón. Igualmente la ciudad de Cavite quedó arrasada. El actual gobierno citadino de Cavite, a diferencia del de la ciudad de Zamboanga, absolutamente nada de actividad oficial pro-chabacano permite. Es obvio que la propia dejación por parte de las autoridades públicas de la labor de preservación lingüística afectará nefastamente en muy poco periodo de tiempo a la propia existencia del chabacano caviteño.

31. DESTRUCCIÓN DE LA LITERATURA Y LA INTELECTUALIDAD FILIPINAS: EL CASO DE NICK JOAQUÍN

El mejor escritor filipino en inglés es Nick Joaquín. Y así lo es porque conoce el idioma español y lo utilizó toda su vida (falleció en 2004) como su instrumento de investigación para mejor entender la historia, la identidad nacional y la cultura filipinas a fin de informar, en inglés, a las perdidas generaciones de Filipinos desnacionalizados por la forzosa imposición del inglés como el único y obligatorio medio de supuesta instrucción sobre los jóvenes filipinos (que no lo asimilan del todo en la mayoría de los casos). Ante el trasfondo de esta tiranía colonial por parte de los *wasp* y sus lacayos filipinos, Nick Joaquín escribe lo que sigue en "Una nota sobre el drama de Recto", *Philippines Free Press,* 1959, que reproducimos en traducción de José R. Perdigón:

José García Villa.

El cambio de español a inglés fue un golpe fatal a nuestro crecimiento cultural; sufrió nuestro desarrollo literario —y todavía sufre—, porque la literatura es la verdadera alma del lenguaje y nos hicieron abandonar la lengua en que se había desarrollado nuestra literatura y tuvimos que empezar desde cero otra vez, pero esta vez en inglés. Las primeras víctimas del cambio de lengua fueron, naturalmente, los escritores en español de los 1900 que, desposeídos de público, cayeron en declive o, como Recto, que pudo haber sido una de las grandes figuras literarias, abandonaron del todo la literatura. Todos estos autores escribían en español con tal maestría que es razonable postular que la generación que viniera detrás de ellos elevaría esta maestría a mayores alturas, produciendo una literatura aún de más calibre. Lo que la generación siguiente produjo fueron los tentativos esfuerzos pioneros en inglés de los años veinte, una labor valiosa y heroica, pero una desviación radical del desarrollo esbozado por nuestra historia y que por lo tanto no pudo, como así fue, producir la gran literatura que la tremenda vitalidad intelectual de los 1890 y 1900 dejaba vislumbrar. Porque el escritor filipino en inglés ha sufrido muchísimo también por la incoherencia de nuestra cultura, y su mejor ejemplo es José García Villa.

Lógica y cronológicamente, Villa —como los escritores pioneros en inglés de los años veinte— debió haber sido la continuación del desarrollo de Rizal y Recto. Incluso pudo haber sido, tan innegable es la calidad suprema de su genio, la culminación de los 300 años de español en Filipinas. Si Rizal fue nuestro Marlowe, Villa debió haber sido nuestro Shakespeare, de no haber intervenido una interrupción en el desarrollo de nuestra cultura. Desafortunadamente la hubo, y Villa tuvo que fabricar, en vez de continuar una tradición literaria. Debió haber sido la eflorescencia; tuvo que hacerse simiente. Rizal y Recto debieron ser sus padres pero Villa tuvo que empezar de cero, y tuvo que llenar su paternidad literaria con Sherwood Anderson y E. E. Cummings. El resultado fue una poesía "pura", muy bella, de no ser tan sin raíces, y que para la relación que tiene con Filipinas la pudo haber escrito un esquimal. Esto no es culpa de Villa, lo es de la historia que le separó de sus raíces verdaderas. Y él, Villa, y todos los otros escritores filipinos, no pueden dejar de sufrir por esta pérdida de tradición, esta alienación de los autores "clásicos" de su propia historia.

Tanto ha crecido esta alienación que los antepasados de la vieja cultura nos parecen casi extranjeros —o mestizos— y ha nacido en nuestros tiempos la necesidad ridícula de explicar que la cultura que produjo a Rizal y Aguinaldo, los Lunas y Guerreros, y Apóstol, Bernabé y Recto fue una cultura tan verdadera y auténticamente filipina como lo puedan ser las culturas ifugao, moro, colonial yanqui, o el sajonismo ilustrado de hoy. La incógnita de si esa cultura —si sólo Dewey hubiera zarpado de aquí de inmediato— hubiera devenido en cultura filipina, como la cultura hispana en América se hizo específicamente mejicana, guatemalteca, argentina, etc., nunca la podremos desvelar. De todos modos, esta obra de Recto pudiera servir para indicarnos las posibilidades de la literatura que perdimos.

32. UN MAL QUE SE HIZO Y QUE SE SIGUE HACIENDO HASTA AHORA PARA ANULAR AL FILIPINO Y SUS DERECHOS DE NACIÓNAL

Queda, por cierto, bien claro, el hecho de que fueron los *wasp* usenses los que decidieron la unilateral supresión del español como una condición necesaria para la imposición unilateral y por ley del idioma inglés sobre el entero pueblo isleño, a través de un sistema de educación que opera hasta ahora a costa del dinero de los mismos filipinos, con el agravio de ignorar la opinión general de los mismos. Y esa opinión general se oponía bien claramente a lo que descaradamente han venido haciendo hasta ahora los referidos sectarios coloniales y neocoloniales.

Esa opinión filipina a favor del idioma español se denunció en la página 24 de *Isagani*. Revista mensual de asuntos generales, año 1, núm. 5, junio de 1925, por Modesto Reyes Lim, como sigue:

Pues, en nuestro humilde juicio, Filipinas tenía un lenguaje nacional cuando formaba parte de la nación española, y es el mismo lenguaje nacional de España, el castellano; porque Filipinas formaba parte integrante de España y nosotros éramos tan españoles como los que nacieron en la península; pero, vinieron los Estados Unidos y sin hacernos parte de su territorio, ni hacernos tan ciudadanos americanos como ellos, nos han impuesto, sin embargo, su lenguaje nacional o sea el inglés.

33. INSISTENCIA EN IMPONER EL INGLÉS FRENTE AL DERECHO FILIPINO A SU CULTURA Y A SU SOBERANÍA NACIONAL

En otra edición de *Isagani,* quincenario rizalista, fechada en septiembre de 1925, y en su página 22, el mismo autor escribe y hace el siguiente comentario:

Un cuarto de siglo y una Comisión de sabios escogidos de ciento y tantos millones de ciudadanos de la nación que encabeza y dirige ahora el mundo, se han necesitado para venir en conocimiento de que a un pueblo, como el filipino, no se le puede imponer el lenguaje de otro pueblo por más dinero y poder que éste tuviera. No otra cosa se deduce de la importante revelación que la Comisión Monroe hace en el capítulo primero de su report, después de haber examinado y observado de visu y detenidamente los resultados obtenidos del sistema de educación implantado en el país por su actual soberano, hace la friolera de un cuarto de siglo. He aquí las muy elocuentes palabras de esa mismísima Comisión: "Al salir de la escuela, más del 99 por ciento de los filipinos no hablarán el inglés en sus hogares. Probablemente, no más del 10 ó 15 por ciento de la próxima generación usará ese lenguaje en sus ocupaciones. De hecho, solamente los empleados, los profesionales, e individuos que se hallan al servicio del gobierno, harán uso de ese modo de tal lenguaje...".

Según pues esta predicción, el inglés en Filipinas no será el lenguaje del pueblo, y a lo sumo será el lenguaje oficial, o del gobierno, pero, sólo para consigo mismo, por lo que necesitará siempre de la interpretación y traducción al dialecto correspondiente del país, cuando ese gobierno quiera comunicarse directamente con el pueblo.

Si se hubiera reflexionado debidamente cuando se implantó aquí la actual soberanía y procedido con más ecuanimidad y respeto a lo que aquí había encontrado, cual es la obra de la civilización occidental por espacio de más de tres cientos años, sobre la más grande y más firme base como es el cristianismo, no se hubiera tenido por malo y despreciable todo lo que aquí existía, visto tras los cristales del egoísmo y su hermana la ignorancia, y se hubieran venerado tantas otras instituciones tan sagradas como nuestra legislación, que ya quisieran tenerla otros pueblos mucho más grandes que el filipino.

Entre aquellas respetables instituciones estaba la lengua de Alfonso el Sabio y del Manco de Lepanto.

34. LOS FILIPINOS CUESTIONARON EL DERECHO ESTADO-UNIDENSE DE FORZAR EL IDIOMA INGLÉS SOBRE SUS ESCUELAS COMO MEDIO DE INSTRUCCIÓN Y COMO LENGUA OFICIAL EN LUGAR DEL ESPAÑOL

Continúa el comentario del director de la citada revista rizalina, *Isagani*:

Fuera del derecho (si lo hay) del soberano de imponer su lenguaje al pueblo a él sometido, por designios de la Providencia, según él, y por el tratado de París y los veinte millones de dólares, según la historia, ¿qué razón ni motivo ha habido para proscribir de este país el castellano y sustituirlo con el inglés?

¿No es acaso de sentido común, que hubiera sido muy fácil propagar más el castellano, que ya se usaba como lengua oficial y se hablaba ya por muchísimas familias filipinas dentro y fuera de sus hogares, y del cual contaba entonces el país con muchos literatos, poetas y escritores distinguidos?

Indudablemente, como dice un ilustre filipino miembro actual prominente de la administración de justicia, que con el mismo tiempo y dinero gastado, sistema y otros medios modernos de instrucción empleados en la enseñanza del inglés, si en lugar de éste se hubiera continuado la enseñanza del castellano, éste se hubiera propagado en mucha mayor proporción que se haya hoy propagado el inglés.

Ahora, con ese fracaso del inglés, no es nada más que natural y justo que se piense en adoptar uno de los dialectos del país como lengua oficial primero y nacional después.

En breve, los colonizadores anglosajones *wasp* forzaron de forma brutal y caprichosa el idioma inglés sobre el pueblo filipino sin el menor respeto por el deseo a favor del idioma español.

35. DEMANDA POR EL CINE EN ESPAÑOL: SE REITERA LA POPULARIDAD DEL IDIOMA ESPAÑOL EN FILIPINAS

La preponderancia del idioma español no solamente nos la atestigua su uso cotidiano y oficial por la inmensa mayoría de los filipinos de los años veinte, sino hasta en los años treinta y cuarenta, cuando la industria hollywoodense del cine norteamericano encontraba un potente mercado filipino para sus películas habladas en español.

La revista *Excelsior* en su número para julio de 1930, censura la práctica adoptada por las oficinas de la Metro-Goldwyn-Mayer en Manila de devolver a Estados Unidos las películas hollywoodenses que se producían en español. La devolución se hacía para ayudar a las autoridades de Manila en su campaña genocida de suprimir el uso de este idioma en Filipinas. Dice el artículo titulado *"Talkies* en Castellano" de la mencionada revista mensual publicada en la Calle Potenciana de Intramuros de Manila, en su página 11:

Respecto al cultivo y difusión del idioma castellano en Filipinas, una vigorosa protesta del Círculo Cervantino, del Círculo Escénico, la Asociación Talía, la Cultura Hispánica, la Peña Ibérica y otras instituciones y centros docentes cuyos nombres no se mencionan, contra el proceder de la "Metro-Goldwyn-Mayer" de no exhibir películas habladas en español, devolviéndolas "inéditas" a los Estados Unidos.

De injusto calificansemejante proceder, pues hablando y poseyendo un cuarenta por ciento de la antigua y de la actual generaciones, el idioma de Cervantes mucho mejor que el de Shakespeare, no hay razón alguna para imponerles sólo el inglés, contra todos los cánones de la equidad.

36. HONDAS RAÍCES DE LA LENGUA, CULTURA Y CIVILIZACIÓN HISPANAS EN FILIPINAS

Y menos aun cuando, olvidándose la mencionada empresa de que "la cultura y la civilización hispanas en este país han echado hondas raíces en el alma filipina" y de que puede fácilmente, y sin prejuicio para ella, satisfacer a esa respetable porción del público insular, llevada de un mal entendido egoísmo o de una economía peor comprendida:

> ...se debe considerar, además, que las películas habladas en castellano "hallan franca acogida en el público de Filipinas", como lo demostró, según los protestantes manifiestan, la última cinta de la "Metro-Goldwyn-Mayer", titulada *In Gay Madrid,* rodada en el Cine Ideal, que se proyectó durante varias semanas con llenos constantes y sin precedentes.

El artículo, después de comentar sobre el atropello que la "Metro-Goldwyn-Mayer" hacía a la "tan cacareada Democracia" y la libertad de expresión, termina con el siguiente párrafo:

> Confiamos en que volverá de su acuerdo y tornaremos a ver en el Cine Ideal películas totalmente hechas y habladas en castellano, como sucede en otros cines que no son tan exclusivistas, sino que atienden, como puede apreciarse en su programa, al público gustoso en ver películas habladas en español.

37. PRIVÁNDOLE AL CINE FILIPINO DE LO QUE COMENZÓ A SER SU MERCADO INTERNACIONAL

Lo que no añade este artículo es el hecho de la existencia de un cine filipino en lengua española. En las historias que se escribieron del cine filipino siempre se omitió ese capítulo de películas filipinas en español, siendo la primera de ellas, producida en 1936, *Secreto de confesión*. Esta película, además de exhibirse con éxito en Filipinas, fue exportada a España, a Estados Unidos y a casi todos los países sudamericanos donde fue aplaudida.

Es la película que abrió un mercado internacional para el cine filipino. Pero los americanos, que también producían películas habladas en español desde Hollywood, posiblemente vieron en estas películas filipinas habladas en español una competencia a sus referidas películas para el mundo hispánico. Sería por ello que intensificaron la campaña de eliminar el cine filipino en español para evitar competencia en el mercado internacional. La economía filipina de hoy, como su industria cinematográfica, pudieran haberse beneficiado grandemente por las divisas que dichas películas hubieran producido.

Tras suprimir genocidamente el español y entorpecer a los filipinos sobre su historia enseñada en inglés, el cine filipino tan solamente

Las primeras películas filipinas estaban subtituladas en español.

se hace ahora en tagalo. Y si se es que se está muriendo como industria y como arte popular, es porque perdió con el idioma español el acceso que un tiempo logró tener al mercado internacional de habla hispana.

38. EL GENOCIDIO EN FILIPINAS YA ES LEGAL

Después de la terrible Segunda Guerra Mundial en 1945, mediante el bombardeo de Manila y de cabeceras provinciales de Filipinas, el censo de 1950 todavía decía que los filipinos de habla española constituían un seis por ciento de la población. La Legislatura Nacional pasó dos leyes por las que se incluyeron 24 unidades de español y literatura filipina en el nivel universitario, puesto que este idioma seguía siendo oficial a la par del inglés y del tagalo.

La nefasta constitución Cory de 1987, redactada en circunstancias al margen de la democracia, unilateralmente suprimió la oficialidad constituyente como la docencia regular de este idioma en todos los colegios filipinos.

Esta medida "legal" constituye, a sabiendas o no, otra fase más de la agenda genocida en contra del patrimonio y la cultura filipinas; porque lo que se persigue, como objetivo final, es privar al entero pueblo filipino de su memoria histórica como pueblo, para luego entorpecerle y económicamente explotarle de forma absoluta.

A pesar de esas medidas genocidas, quedan casi medio millón de filipinos que todavía son de habla hispana fuera de los de habla criolla que suman más de un millón aparte. Éstos se reparten entre Zamboanga, Basilan, Cotabato y Cavite. Su ventaja es vivir, hasta ahora, como una comunidad casi aislada, sin una ruptura histórica tan brutal como la sufrida por el resto de filipinos con su pasado.

39. ¿QUÉ HACER?

¿Qué hacer? Esa es la pregunta a la que se debe de contestar con soluciones, puesto que la destrucción del idioma español en Filipinas resulta en la destrucción del mismo filipino y de lo filipino.

Filipino alphabet (Alpabetong Filipino)

A a	B b	C c	D d	E e	F f	G g	H h	I i	J j
ey	bi	si	di	ii	ef	dzi	eyts	ay	dzey
[a]	[b]	[s]	[d]	[e]	[f]	[g]	[h]	[i]	[ʤ]

K k	L l	M m	N n	Ñ ñ	Ng ng	O o	P p	Q q
key	el	em	en	enye	endzi	o	pi	kyu
[k]	[l]	[m]	[n]	[ɲ]	[ŋ]	[o]	[p]	[k]

R r	S s	T t	U u	V v	W w	X x	Y y	Z z
ar	es	ti	yu	vi	dobolyu	eks	way	zi
[r]	[s]	[t]	[u]	[v]	[w]	[ks]	[j]	[z]

Uno de los alfabetos filipinos.

Una pequeña solución inicial podría estar en la enseñanza del alfabeto filipino de 31 ó 32 letras, a la manera antigua. Es decir: que, en vez de leer el alfabeto filipino en inglés, como ahora se hace (ei, bi, ci...), se debiera sencillamente de leer en castellano. De esa forma, todas las palabras filipinas, del tagalo y de otras tantas lenguas isleñas, se silabizarían y se deletrearían a la manera española para proteger la fonética tagala y bisaya, amen de la ilocana y la bicolana, en su reglamento de pronunciar sus palabras tal como se escriben. Y, viceversa.

El tagalo, y todas las lenguas isleñas, siguen el reglamento básico *"kung anó ang bigkas siyá ang sulat, at kung anó ang sulat siyá ang bigkás"* que es igual en español. Por otro lado, el inglés es todo lo contrario, porque su pronunciación no siempre coincide con su deletreo. El inglés es un idioma antifonético que riñe con los fonemas absolutos de cualquier idioma indígena de Filipinas.

Pues, hay que instruir a las maestras de la primaria que lean el alfabeto filipino de 31 letras en castellano, y que deletreen y silabiquen las palabras filipinas, muchas de ellas siendo españolas de todos modos, en español. Pero, ¿lo harían?

Otra pequeña solución es reintroducir la enseñanza del español como asignatura lingüística aparte en la educación intermedia y en la secundaria y corregir de sus errores hispanófobos la enseñanza de la historia de Filipinas, al tiempo que los libros de texto para dichas asignaturas de historia filipina y sociología se corrijan para que también recuerden el legado bienhechor español en estas islas.

Entonces, el filipino ha de recuperar su memoria histórica, su cultura, sus lenguas, con el castellano. E inclusive, ha de tener una mejor base para verdaderamente asimilarse el idioma inglés a la larga. Y, en paz con todo el mundo.

40. CODA

Este estudio sobre el idioma español en Filipinas fue provocado por un artículo, escrito por un periodista español, Ramón Lobo, titulado "Cervantes nunca llegó a Filipinas" publicado por el diario *El País* de Madrid el 25 de febrero de 2001. Este mencionado artículo asume todas las mentiras fabricadas por los colonialistas norteamericanos de Filipinas sobre el idioma español desde su llegada en 1898. Dichas mentiras fueron fabricadas para encubrir el genocidio lingüístico y cultural que iniciaron desde aquel año y que continúa hasta el presente sobre los incautos filipinos, y la opinión pública internacional, indolente ante lo sucedido en Filipinas.

Cervantes nunca llegó a Filipinas

👤 El Editor   🕑 9 marzo, 2018   📁 Opinión   👁 597 Views

El español se extingue como lengua culta de una minoría ilustrada, de clase alta y mayor de 40 años.

Filipinas, a diferencia de América Latina, jamás aprendió el idioma de Cervantes. Los 377 años de presencia colonial española produjeron una clase de filhispanos, reducida entonces y casi extinta hoy./Pixabay

Por Ramón Lobo / Madrid / El País (Archivos)

Un artículo, escrito por un periodista español, Ramón Lobo, titulado "Cervantes nunca llegó a Filipinas" publicado por el diario El País *de Madrid el 25 de febrero de 2001.*

EL DAÑO LATENTE: EFECTOS CULTURALES DE LA DESHISPANIZACIÓN DE FILIPINAS

¡Oh tierra de mis amores,
santa madre de mi vida,
que vertiste en mi alma herida
el aroma de tus flores!
Llora, si tienes dolores,
si sueñas ser grande, espera,
pero te juro que fuera
para mí suerte afrentosa,
ver nacidas en mi fosa
hierbas de savia extranjera.

F. M.ª Guerrero, "Mi Patria".

I

Las consecuencias de la deshispanización de Filipinas son muchas y varían en sus efectos dañinos para cualquier filipino responsable, que piense, y que, por lo tanto, quiera ser consecuente consigo mismo en cuanto a su identidad individual y colectiva.

Para empezar, la primera consecuencia es lo que el prohombre Claro M. Recto nos señala como "una solución de continuidad" cultural e histórica que afecta el sencillo amor a la Patria filipina. El desconocimiento del idioma español resulta en la pérdida del más mínimo sentido de nación filipina y de integridad territorial que se debe proteger como cosa natural.

Otro efecto es la desnaturalización, que puede ser espantosa porque arranca de la supina ignorancia, como la cómica confusión identitaria y de la tranquila e irresponsable deserción, y para colmo, de traición en sus formas más descabelladas cuando no psicopáticas, por no decir risibles. Como ejemplo monumental de este segundo efecto de la destrucción del idioma español en este país, está la franca oficialización gubernamental en el uso de los nombres "Pilipinas" y "Pilipino" como si fuesen los originales y verdaderos símbolos identitarios del filipino corriente y su país.

A los filipinos de habla hispana, como los Rizal y los Recto, nunca se les hubiera ocurrido cambiar el nombre de Filipinas a "Pilipinas". José Rizal en su "Último adiós", por ejemplo, no escribe *"querida Pilipinas, allí te dejo todo"*... Ante esta realidad indiscutible, lo consecuente es preguntar ¿por qué este tardío cambio en el deletreo? ¿Qué necesidad hubo, y hay, para mal deletrear el sagrado nombre de Filipinas? ¿A qué se debe este hecho extraño y funesto?

E indagando, se revela nada más que un prurito colonial supremacista, un esencialismo *wasp*, obviamente cargado de leyenda negra, de odio sectario, de plena estupidez, de arrogancia, de hispanofobia innecesaria, y de repulsiva ingeniería cultural (llanamente lavado de cerebro), porque al oficializar adrede un error, indica que sus autores sobrepasaron la cordura, para justificar la infamia de degradar a la primera República de Asia.

Un daño colateral fue la malversación del tagalo para crear una lengua supuestamente nacional llamada pilipino. Pero lo cierto es que fue un completo dislate el deletreo de "Pilipinas y Pilipino", que tiene su origen en el famoso caso de libelo denominado "Aves de rapiña", del ya lejano año 1908.

El demandante en aquel ruidoso pleito fue no menos que el secretario del interior y vicegobernador general del gobierno colonial norteamericano en estas islas, Dean C. Worcester. Y, uno de los demandados fue el notorio escritor masón, Lope K. Santos, director de la sección tagala del famoso diario *El Renacimiento*. El señor Santos, buscando una manera de deshacerse de la bochornosa acusación criminal, logró entenderse, por lo visto, con el poderoso Worcester, y éste le contrató para que escribiera una gramática tagala purificada de hispanismos para la proyectada enseñanza del idioma tagalo en las escuelas públicas, con miras, como es de esperar, de sustituir, a la larga, al idioma español como lengua nacional y oficial del país.

Y Lope K. Santos se puso manos a la obra e inventó el *abakada*, un alfabeto de veinte letras, inspirado en el prehispánico *baybayin* (un primitivo silabario indígena) aprovechándose del hecho de que este cuasi-alfabeto prehispánico, no tiene letras modernas como la C, la F, la J, la Ñ, la V y la Z, y, por lo tanto, venía de perlas para los enemigos del español, en su agenda de, primero, sustituir el abecedario español ya tenido como el alfabeto tagalo (pues dicho abecedario ya había sido introducido en el tagalo desde 1611 por el tipógrafo y gramático Tomás Pinpín), y, segundo, para fomentar el uso de un idioma tagalo desnudado de sus hispanismos, para que nunca fuera, en lo sucesivo, obstáculo para la plena imposición del inglés como futura y única lengua oficial del país. La carencia de la F en el tagalo purista venía como un pretexto "nacionalista" para crear una "verdadera identidad nacional", sin nada de mestizajes con lo español. De esa manera, la deshispanización quedaba caracterizada como una identidad recuperada para un pueblo, una raza, una nación oprimida por siglos de sometimiento a España.

Como filipinos hemos de reconocer, sin embargo, que nuestros antepasados prehispánicos no solían articular la fricativa porque les era más fácil articular la oclusiva. Pero eso no significa que nunca han de aprender a escribir y articular la F donde sea necesaria emplearla. De hecho, la fricativa es articulación hoy natural en la gran mayoría de las lenguas filipinas.

Fueron los "ingenieros culturales' los que maniobraron de acuerdo con reglas degradantes porque sabían que, tras hacer esa sustitución, fácilmente darían al traste con todas las palabras españolas ya heredadas por el mencionado idioma tagalo, y cualquier sentido coherente de lengua que se le quisiera dar al pilipino. De hecho, todas las palabras españolas en el tagalo están maldeletreadas adrede por aplicárseles las nuevas exigencias ortográficas del tagalo *abakadizado* y purista.

Por remate, tenemos encima el descaro de declarar como "logro y triunfo cultural" la "purificación del tagalo, y de todas las otras lenguas isleñas, de sus hispanismos", so pretexto de retornarlas a "su prístino estado de independencia y libertad" porque también se quiere ir confundiendo lo que es libertad política de lo que es el natural desarrollo léxico de una lengua primitiva que se puso en contacto con una lengua avanzada que la influyó para ponerse al día con los nuevos conceptos de civilización, cultura y gobierno al que sus hablantes vinieron asimilando.

Y así se ha conseguido la verdadera intención funesta de vulnerar a cada paso la lengua, la cultura y la historia filipinas en lo que representan las palabras *Filipinas* y *filipino* frente al impuesto imperialismo cultural anglosajón de corromper y degradar, enmascarado bajo la ultrajada palabra de "civilización".

El daño fue y es aún más grave si se tiene en cuenta que el fin último es privarle al niño filipino de su propia cultura nacional, para luego entorpecerlo, y que se ha venido consiguiendo en el caso triste de la inmensa mayoría, no es nada más, ni menos, que un genocidio. Y filipinos que luego compusieron las siguientes generaciones son productos de este retraso intelectual, analfabetismo funcional e ignorancia, productos de una disfunción epistemológica irresoluble.

Tras esa aberración cognitiva también se ha logrado inculcar en la mente y en las reacciones de los filipinos supuestamente escolarizados en inglés una latente hispanofobia, en unas preferencias equivocadas, sin que se dieran cuenta.

II

Y lingüísticamente hablando, también ocurre por un lado que tras haberle eliminado los ya naturalizados hispanismos en el tagalo juntamente con sus respectivos conceptos de siglos, habiendo sido dichos y sendos conceptos útiles a la vida, se tenía luego que formar, o acuñar, y de prisa, neologismos extraños. Esa necesidad formó a una caterva de lingüistas *ad hoc* para que, de la noche a la mañana, fueran acuñando nuevas palabras, neologismos con que reemplazar el uso cotidiano de aquellos miles de hispanismos en el tagalo, en el visaya, en el ilocano y en el resto de las setenta y tantas lenguas indígenas, causando durante todo ese tiempo transitorio, una tremenda confusión por un lado y un enorme vacío por otro. La práctica, desde luego, de acuñar tantas palabras nuevas se siguió haciendo por muchos años, hasta que, hartos hasta los políticos filipinos de tanta insensatez *lengual,* la nueva constitución de Marcos, como la de Cory, decretaron que el idioma nacional había de llamarse *filipino* y que se formularía a base de las existentes lenguas del archipiélago, naturalmente junto al español.

Esta nueva ley, por cierto inesperada, iba a efectuar la reparadora restauración del uso del antiguo abecedario español y, de soslayo, dar al traste con la ridiculez, la farsa prepóstera de seguir adelante con la palabra *pilipino* y sus acuñaciones insensatas. Pero los autodenominados "puristas", que por ultranacionalistas se vinieron creyendo a sí mismos como dioses de "un patriotismo correcto a seguir", no se dieron por vencidos. Después de todo, con el afán de cazar palabras españolas en el tagalo para sustituirlas con sus acuñaciones, que en muchos casos resultaban risibles, llegaron a acaparar puestos docentes en varios colegios y universidades del Estado, y con muy buenos salarios.

Y después de muchos años de pavonearse de grandes académicos como insistían en presentarse, resistieron luchar contra el nuevo cambio legal "en nombre de la nueva patria". Por eso, aunque se promulgó la relevante directiva implementatoria a favor del idioma *filipino*, la comisión gubernamental que se encargaba de hacer cumplir la ley sobre el desarrollo de la lengua nacional, dicha directiva no fue obedecida. Hubo un anterior comisionado, de nombre Ponciano B. P. Pineda, que gobernó como director de la *Komisyon sa Filipino* por treinta años. Y desde ese puesto, muy ladinamente evitó restaurar el hispano abecedario original, porque con aparente ayuda de la americana SIL (*Summer Institute of Linguistics)* inventó otro alfabeto, pero a base del inglés, y es lo que ahora se llama *taglish* alphabet (tagalo-inglés). Este alfabeto taglish se vino introduciendo mediante un nuevo diccionario *Filipino-English*, formulado y publicado con fondos de dicha *Komisyon* y distribuido a todos los docentes del tagalo-filipino.

Pero con la entrada de la administración Duterte, un nuevo director de esta *Komisyon sa Wikang Filipino* fue nombrado en la persona de un literato tagalo, galardonado con el título de "artista nacional para la literatura", Virgilio Almario. Como lingüista y filipino consecuente y de sentido común, el señor Virgilio Almario, propuso, para empezar, que el nombre de "Pilipinas" se cambiara a "Filipinas" armando, sin saberlo ni quererlo él mismo en casi todos los medios de comunicación, una acalorada controversia. El director Almario señaló la lógica de restaurar el nombre de Filipinas en lugar de "Pilipinas", pero es de lamentar que los señalados "puristas" son aún muy influyentes. Almario dijo que con la misma adopción del alfabeto *taglish*, el tagalo filipino ya tiene la letra F de nuevo y que, por lo tanto, la continuada oficialización de "Pilipinas" ya es un anacronismo. Al final, los opositores adujeron que el "gasto innecesario" que se ha de incurrir al hacer ese cambio ha de ser enorme. Pasaron los años y el señor Virgilio Almario acaba ahora de terminar su turno como director de la citada *Komisyon sa Wikang Filipino* y su propuesto cambio se puso de lado por ahora so pretexto de la pandemia en boga.

En resumidas cuentas, seguimos abogando por la restauración del original abecedario español de Pinpín y Balagtás para que la enseñanza del tagalo-filipino pueda también servir, en parte, como una modesta enseñanza elemental del idioma español a los niños filipinos de las escuelas primarias. No en balde, son muchos ya los observadores que ahora señalan la simultánea destrucción del proyectado idioma filipino (a base del tagalo) y la confusión que el uso del *taglish* le va causando al mismo idioma inglés.

Pues, es cosa sabida por todos, que ya es inevitable, entre las actuales masas filipinas, particularmente entre los niños y adolescentes del país, ir hablando y texteándose en el pidgin *taglish*, en vez de usar el inglés o el tagalo.

Así queda, de momento, la diglosia, que es la lucha de dos lenguas en un solo país, y que resultará, a la larga, en la

Instituto Cervantes en Intramuros, Manila.

destrucción de una de ellas. En este caso, el inglés, porque el tagalo es de cuna.

El país fue repentinamente sobrecogido por una pandemia que ahora priva de escuela formal (en inglés) a una generación entera de párvulos y adolescentes, que, en efecto, van perdiendo el inglés como lengua oficial, por un lado, mientras van confinados a solamente usar, por el otro lado, su lengua materna, que es el tagalo corriente. Y el inglés ya perdió la batalla para establecerse como la lengua única del hogar filipino. Basta abrir la televisión y la radio para comprobar esta realidad que mucha gente aun no percibe claramente, porque la pandemia y sus pesares les priva percatarse de las circunstancias en que están involucradas sin querer.

III

Y, finalmente, el tercer efecto que ha de molestarle al filipino del próximo futuro (si es que, al fin llega a tener dos dedos de frente) es el remordimiento y la certeza de que fue engañado y miserablemente explotado sin nada de consideración ni lástima, por los que se erigieron como sus educadores, principalmente los que les elaboraron programas defectuosos de estudio donde absolutamente nada de idioma español se les dio.

Además de esa desgracia, les sobrecogerá también la realidad de la inminente vuelta a Filipinas del idioma español como idioma instrumento de desarrollo económico y de prestigio social e intelectual.

Para empezar, ha sido muy acertado por parte del gobierno de España la creación de un Instituto Cervantes para que se encargue de la enseñanza y difusión del idioma español, y las culturas que conlleva, por todo el mundo. La apertura en Manila de este instituto ha resultado, y resulta ser, una buena inversión porque es la sucursal de mayor número de matriculandos. La apertura de este Instituto en Manila coincidió con la demanda, por parte de varias centrales de llamada, de agentes o empleados que sepan comunicarse en español además de en inglés. El agente que sabe inglés tan solamente gana veinte mil pesos al mes. El que sabe inglés y español gana el doble, cuarenta mil pesos al mes.

Y la industria de llamadas vino creciendo y la necesidad de más español por parte de filipinos se incrementó. Y se oyeron recriminaciones sobre el sistema educativo filipino señalando su desvergonzada comercialización y su terrible ineficiencia. Tras veinte años de labor el Instituto Cervantes tiene ahora dos sedes en Metro Manila y la opinión antes negativa a España y a su idioma ha cambiado positivamente. Lo bueno es que el Instituto Cervantes con sus "Días del Libro" y sus festivales de cine en español ha logrado mejorar el panorama hispanista de Filipinas. Esta institución ganaría más

matriculandos si estableciera sucursales en otras ciudades filipinas como Cebú, Iloílo o Zamboanga.

Otra buena nueva es la noticia sobre la promoción del idioma español en la China continental, no solamente a la par del inglés sino "como la segunda lengua de China y del mundo". Esa noticia puede interpretarse como un codazo contra el inglés, idioma del rival más desdeñado del milagro económico del partido comunista chino. Pues en realidad, si China reemplaza, con el español, el inglés como su segundo idioma oficial, el prestigio económico y militar de EE.UU. en Asia, como en el mismo continente americano, puede sufrir gravemente más mermas y bajas. Con un paso lingüístico de tal envergadura y un sistema de empréstitos, de intereses más bajos que el de los fondos y bancos de habla-inglesa, además de plazos a pagar más fáciles, puede arruinarles las economías a los anglosajones. Y mientras China hable más español y latinoamérica aprenda más el mandarín, los perseguidos y discriminados *Hispanics* dentro de EE.UU. tendrán mejor suerte y no se les amenazará tan fácilmente con hacerles muros más altos por el Río Grande. Y eso de hacer del español "la segunda lengua del mundo" lo pueden lograr los chinos dada su determinación y laboriosidad bien probadas.

Con una situación así de favorable para el idioma español, los hispanófobos *pinoyes* van a cantar de otra manera, bien distinta.

PRESIDENTES DE FILIPINAS

ENSAYOS CRÍTICOS DE LA JEFATURA DE ESTADO DE LAS CINCO REPÚBLICAS DE FILIPINAS

1. EMILIO AGUINALDO Y FAMY (1869-1964)
El primer presidente de la República de Malolos

Emilio Aguinaldo.

l primer presidente popularmente elegido de Filipinas fue Emilio Aguinaldo y Famy. Fue oriundo del pueblo de Cavite Viejo, hoy Kawit, provincia de Cavite. Se le clasificaba de "mestizo" porque sus antepasados fueron chinos cristianos e indígenas tagalos de habla castellana. Fue maestro de escuela y gobernadorcillo de su pueblo. Era miembro de la Logia Katipunan, pero por rivalidades políticas, se separó de dicha logia y se fue organizando una facción, de la misma, que se denominó "Magdalo", inspirado en el nombre de la patrona de su pueblo, Santa María Magdalena. Se alzó en armas contra el gobierno español pero, por mediación del ilustre poeta de Quiapo, Manila, Pedro Paterno, firmó una tregua y se auto-exilió a Hong Kong tras recibir una compensación de ₱800,000 del Gobernador General Primo de Rivera.

Los norteamericanos, con miras de usar a los filipinos en contra de su Madre Patria, España, le trajeron a Don Emilio de Hong Kong. Aguinaldo accedió seguirles porque le habían prometido ayudarle a conseguir la independencia y la libertad de su patria. Al regresar a Manila, resumió las hostilidades en contra del existente gobierno español en Manila a pesar de haber firmado un tratado de paz con el mismo, el Pacto de Biac-na-bato.

Don Emilio, de hecho volvió a Manila en un barco de guerra de Estados Unidos creyendo que los estadounidenses eran sus amigos y aliados. Pero al ver que sus "aliados" iban a ocupar Filipinas sin la menor intención de cumplir con su palabra de respetar la independencia ganada por su revolución en contra de España, se adelantó a las intenciones de los estadounidenses y declaró la independencia filipina el 12 de junio de 1898, puesto que ya tenía un gobierno organizado a base de la constitución de Biac-na-bató (1896) y de la más popular constitución de Malolos.

Cuando más tropas usenses llegaron a estas islas, los comandantes militares de EE.UU. provocaron una guerra en contra de la ya establecida República Filipina encabezada por Don Emilio. Un militar americano, William Grayson, traicioneramente abrió fuego en contra de unos soldados filipinos que patrullaban el puente entre San Juan del Monte y el arrabal de Santa Mesa de Manila. Más, al ver los militares usenses que no se podía fácilmente derrotar al bien organizado ejército de esta República, sus altos oficiales pagaron a traidores filipinos para que asesinaran al Gral. Antonio Luna en Cabanatuan, provincial de Nueva Écija, ya que dicho ejército Filipino se mostraba fuerte bajo el eficaz caudillaje de este joven general y estratega militar entrenado en España y Francia.

Después del asesinato del Gral. Antonio Luna en Cabanatuan, la resistencia filipina decayó y el mismo Presidente Aguinaldo tuvo que huir de Manila hacia el norte de Luzón, a un apartado pueblo de nombre Palanan, en la provincia de la Isabela.

Para protegerle la retaguardia, otro general filipino, el más joven de ellos, Gregorio del Pilar, tuvo que enfrentarse con el ejército

americano, que le perseguía al Presidente Aguinaldo en su huida a la Cordillera de la gran Isla de Luzón. Y fue, en el Paso de Tirad, donde cayó asesinado este joven y heroico general, Gregorio del Pilar, muerto a tiros mediante una emboscada, cobarde y traidora, organizada por el ya más numeroso ejército invasor.

Aguinaldo fue luego capturado en Palanan, Isabela, por traidores filipinos bajo el mando de militares usenses que se disfrazaron de soldados filipinos. El gobierno militar norteamericano no se atrevió a ejecutarle por temor al muy enfadado pueblo filipino. Por eso, Don Emilio estuvo bajo arresto domiciliario en su propia casa, en Kawit, Cavite, para el resto de su vida.

Tras la captura de Aguinaldo y el asesinato del Gral. Antonio Luna, los americanos confiscaron como botín de guerra la reserva filipina en oro y plata valorada en más de cien billones de dólares (US$100B). Esta reserva nos lo custodiaban oficialmente el asesinado Gral. Antonio Luna, y el perseguido Capitán Servillano Sevilla, en sus cuarteles de Malolos, provincial de Bulacán, la entonces cabecera de la República de Filipinas.

Para callarle al Presidente Aguinaldo con respecto de las atrocidades perpetradas por los invasores en Filipinas, la "historia oficial" le ha culpado por el asesinato en Maragondón, Cavite, del supremo del Katipunan, Andrés Bonifacio y González, y por el asesinato del Gral. Antonio Luna y Novicio en Cabanatuan, Nueva Écija. La verdad es que el asesinato del supremo del Katipunan, Don Andrés Bonifacio, y su hermano Procopio, es trabajo sucio del espionaje en estas islas desde 1882. El hecho del espionaje norteamericano nos lo revela el mismo vicegobernador general y secretario del interior, Dean C. Worcester, en el curso de su declaración jurada durante una de las vistas en 1908, del caso por libelo que presentó en contra el diario filipino *El Renacimiento* por publicar, éste, un editorial titulado "Aves de Rapiña". El editorial hacía alusión a los invasores en su mencionado título y detallaba el pillaje y la corrupción burocrática del régimen americano sobre Filipinas en la primera década del siglo XX.

Pero Don Emilio, al ver la calumnia de que fue objeto mediante los libros de historia escritos en ingles durante aquellos primeros años de la dominación americana, inesperadamente se presentó a los funerales del Rey Alfonso XII, celebrados en la Catedral de Manila en Intramuros, para saludar a "su Rey". Este gesto quedó interpretado como señal del arrepentimiento que sintió por aliarse a los invasores en contra de España, para luego ver cómo la independencia, anhelada por él y por el pueblo filipino, quedó totalmente traicionada por las medidas económicas impuestas por los norteamericanos sobre el gobierno filipino.

Poco antes de morir, Don Emilio Aguinaldo y Famy, repudió su asociación a la masonería, y comulgó como católico romano, ya que se dio perfecta cuenta de que esta organización se había puesto al servicio del colonialismo norteamericano en sus excesos en contra de Filipinas.

2. MACARIO SACAY DE LEÓN (1878-1907)
El presidente secretamente asesinado

Macario Sacay.

Tras el cruel asesinato a bolazos, o machetadas, del Gral. Antonio Luna en Cabanatuan, provincial de Nueva Écija, y la captura a traición en Palanan, provincia de la Isabela, del Presidente Aguinaldo, el ejército filipino que aun luchaba muy esforzadamente en contra de los invasores quedó bajo el mando del Gral. Miguel Malvar, el denominado "último alto militar de la Primera República de Filipinas que todavía no se rendía a los invasores".

El Gral. Miguel Malvar, oriundo de Lipa, provincial de Batangas, estaba llamado a asumir la presidencia de la República Filipina, vaciada por la captura y prisión domiciliar del Presidente Aguinaldo. Pero Malvar, por circunstancias aun desconocidas, decidió rendirse a los invasores americanos en vez de tomar la presidencia de la República y continuar con la resistencia armada. Con su rendición a los invasores, la Primera República de Filipinas quedó casi abandonada, como así lo querían los estadounidenses para justificar su anexión del territorio filipino. Los invasores alegaron, ante Malvar, que el territorio filipino ya era de ellos, porque lo habían comprado de España por veinte millones de dólares mediante el Tratado de París. Y el general batangueño les creyó.

En las difíciles circunstancias en que se encontraba, el General Malvar no se dio cuenta que la supuesta "compra de Filipinas" no era nada más que un enorme truco urdido por los invasores. España, terriblemente derrotada, tenía que aceptar las imposiciones del mencionado Tratado de París. Y aquellas imposiciones por parte del victorioso imperio de América nos las imponía con miras de tener, a la postre, algún argumento "legal" con que luego decirles, a los patriotas filipinos, que su lucha por su propia República ya era inútil, puesto que su gobierno, al carecer de territorio, carecía de jurisdicción.

Pues la necesitada jurisdicción territorial ya la habían perdido los filipinos por el Tratado de París, firmado por España bajo coerción y triunfalmente aceptado por EE.UU. Con dicho tratado, se le obligó bajo coacción a España a ceder el territorio filipino que ya no poseía. Consecuentemente, el territorio filipino muy injustamente pasó a ser "propiedad" de los Estados Unidos de América, y no ya de sus originarios habitantes, que habían ganado una guerra de liberación.

Pero hubo un *katipunero* que se rebeló contra el truco vil del invasor. Sabía que España, derrotada, había sido forzada a vender su provincia de ultramar, Filipinas, a los victoriosos norteamericanos, aunque ya había perdido toda su jurisdicción territorial sobre la misma, por lo que ya no tenía ningún derecho de enajenarla. Para este *katipunero*, el Tratado de París era nulo, en cuanto se trataba de una jurisdicción legal sobre el territorio que comprendía el Estado de Filipinas.

Altamente indignado por la terrible usurpación perpetrada por el invasor, el último *katipunero*, que ya había abandonado las armas, volvió a tomarlas organizando su propio ejército y declarándole la guerra. No tardó en registrar varias victorias militares en contra del ejército invasor de EE.UU. Aclamado por el pueblo filipino, asumió la Presidencia de la República filipina.

Este *katipunero* fue Macario Sacay y de León, oriundo del pueblo de Tondo, cabecera entonces de la provincial de igual nombre. Era sastre de profesión y actor en agraz de *moro-moros* (teatro indígena al aire libre cuyo tema es la lucha entre moros y cristianos) y zarzuelas, tanto en tagalo como en castellano. Era de una constitución robusta y de una mirada de águila. Poseía una buena medida de carisma personal y el pueblo lo siguió en su cruzada contra los invasores, que ya se venían distinguiendo por sus terribles atrocidades y crímenes contra la población civil de las islas.

El Presidente Sacay, tras una resistencia que duró siete años, hasta 1907, se dejó luego capturar, porque se le prometió un salvo-conducto por mediación del abogado Dominador Gómez. Lo que le convenció al Presidente Sacay fue la proclama de que Estados Unidos iba a permitir a los filipinos organizar su propio cuerpo legislativo, o una primera asamblea en el año 1907.

Durante un baile dado por los americanos en su honor Sacay fue traicioneramente arrestado juntamente con el General Belarmino. Después de poco tiempo, los militares ahorcaron secretamente al presidente juntamente con el general, declarándolos "bandidos" a raíz de la ley contra el "bandolerismo" que ellos mismos se habían inventado. Luchar contra el invasor era para la libertaria democracia norteamericana un acto de bandidaje.

Con el Presidente Sacay, los invasores lograron suprimir por completo la Primera República Filipina fundada en 1896, para luego gobernar militarme sobre Filipinas a fuerza de armas y masacres. La guerra impuesta por los más poderosos Estados Unidos sobre la República filipina de 1898 resultó en la muerte de la sexta parte de la población total del archipiélago entre 1899 y 1902. De una población isleña de casi diez millones (10,000,000), los *wasp* asesinaron a un millón seiscientos mil filipinos (1,600,000).

Mediante un mismo sistema educativo sostenido con el dinero extraído de los derrotados filipinos, forzados a rendirse como contribuyentes del gobierno colonial en su propio país, los invasores obligaron a la enseñanza de una "historia filipina" a su favor, que logró entorpecer a las incautas nuevas generaciones logrando, a la postre, su desnaturalización y desnacionalización como filipinos.

Con el sistemático entorpecimiento mediante una supuesta educación en idioma inglés, por encima de los idiomas tagalo y español, el "moderno" colonialismo impuesto por Estados Unidos ha logrado borrar, como el recuerdo heroico de Macario Sacay, los derechos económicos, lingüísticos, políticos y humanos del pueblo filipino hasta nuestros días.

3. MANUEL LUIS QUÉZON (1878-1944)
El presidente colaborador de la Mancomunidad

Manuel Luis Quézon nació en el remoto pueblo de Baler (hoy cabecera de la provincia de Aurora, antes Tayabas y luego Quézon) acurrucado entre la gran cordillera luzónica y el inmenso océano Pacífico. Sus compatriotas le llamaban *el kastila* (el español). Era mestizo de tagalo, español y chino. El apellido Quézon es de origen chino-cristiano por lo que se le acentúa sobre la "e" para evitar que se confunda con la palabra española "quezón".

Durante la revolución contra España fue capitán del entonces ejército de la Primera República de Filipinas bajo el Presidente Aguinaldo. Su padre, Don Lucio Quézon, chino cristiano de Baler, era el maestro de ese pueblo, que se había casado con una mestiza española, la Srta. Molina.

Don Manuel también luchó contra los invasores norteamericanos, pero se rindió cuando aquéllos capturaron al Presidente Aguinaldo en Palanan, Isabela, un pueblo casi vecino de Baler, donde los "últimos de Filipinas" resistieron, durante todo un año, ante el sitio que les hizo el ejército del mencionado Presidente Aguinaldo. Es preciso señalar que el maestro, Don Lucio Quézon, secretamente ayudó a los sitiados suministrándoles, a riesgo

Manuel Luis Quézon.

de ser ejecutado por sus compatriotas alzados, víveres, agua y medicamentos.

En 1935, Don Manuel, después de convencerse de que era inútil todo intento de sacudirse de encima el yugo americano sobre lo económico, lo militar, lo lingüístico y lo cultural, bajo cuya garra se empezó a crear un mercado casi exclusivo para los productos de exportación estadounidense, él mismo optó por colaborar con ellos, a fin de establecer un gobierno filipino por el que se salvaguardarían —él así lo proyectaría— todos los derechos filipinos brutalmente suprimidos por el invasor desde 1898.

Don Manuel, de abogado licenciado de profesión se hizo político, amigo por lo tanto, del gobierno colonial. Quézon quiso convencerse que Filipinas, a la larga, ganaría pacíficamente su libertad e independencia, a pesar de la férula económica y la imposición obligatoria del idioma inglés. Se dio cuenta que la americanización de las incautas nuevas generaciones de filipinos se desarrollaba lentamente a pesar de la libre entrada de los productos de exportación usenses en forma de películas hollywoodenses, sus discos de música, sus modas y sus cuestionables valores.

Y pese a esta realidad, Don Manuel también quiso creer que la directa imposición del idioma inglés como lengua oficial y como medio obligatorio de instrucción, los americanos permitirían que Filipinas tuviera, a la postre, un gobierno verdaderamente independiente, tras el de la Mancomunidad, que encabezarían políticos filipinos que fueran verdaderamente libres de los posibles dictados de Washington D.C.

En el terreno de la lengua a adoptar nacionalmente, Quézon fue entendiendo que toda posición a favor de la continuidad del idioma español, como la lengua nacional y oficial de Filipinas, encontraría una oposición inquebrantable por parte de los invasores. En ese caso, Quézon propuso que el idioma tagalo se declarase por ley como la lengua nacional de Filipinas, por el que se le recuerda hoy día como "el Padre del idioma nacional Filipino".

Don Manuel bien adivinó que los invasores, pensando que la declaración de una lengua nativa sería otra forma más de borrar la preponderancia del idioma español como idioma en estas islas desde los años de la Primera República de Filipinas, permitirían al idioma tagalo servir de lengua nacional. En el proceso de purificación, el alfabeto de 32 letras, arrancado del alfabeto español, fue reemplazado por otro de 20 letras. Con ese nuevo alfabeto, denominado *abakada*, se establecería desde 1910, bajo la dirección encubierta del Secretario del Interior Dean C. Worcester, la política de también purificar al mismo idioma tagalo de todos sus hispanismos, en nombre de un falso indigenismo.

Desde su silla como presidente de la Mancomunidad filipina, Quézon, se mantuvo callado. Acontecía que a principios de la primera década del siglo XX fue fundado en Manila, por un ilustre escritor tagalo de nombre Don Martín Ocampo, un diario filipino conocido como *El Renacimiento*, redactado en español con una sección tagala, que se llamaba *Muling Pagsilang*. Un dramaturgo, poeta y novelista tagalo, a la vez de buen escritor en español, de nombre Don Lope K. Santos, era el director de dicha sección tagala. En 1907 *El Renacimiento* publicó un editorial titulado "Aves de Rapiña" que expuso la tiranía, la corrupción y los abusos de los oficiales americanos, y el mencionado Worcester "se dio por aludido" y demandó por libelo al publicista de *El Renacimiento*, juntamente con su Director, Teodoro M. Kalaw, y sus redactores Fidel Reyes y Lope K. Santos.

Ante un juez americano, con un abogado también usense y al mismo gobernador general de testigo, se cerró *El Renacimiento*, confiscando su imprenta y demás propiedades, y se encarcelaron con grandes multas a los mencionados publicistas y redactores. El demandante Worcester le ofreció, según se conoció en aquel tiempo, la libertad al dramaturgo Lope K. Santos si éste aceptaba escribir una gramática tagala con el mencionado nuevo alfabeto de veinte letras, el *abakada*. Esa gramática se llama *balarila*, un verdadero trabalenguas hasta para los mismos tagalos, cuya semántica gramatical española se eliminaba para verse sustituida con palabras acuñadas al estilo esperantista. Worcester, que también era el director de instrucción de aquel gobierno colonial, mandó que se enseñase como "idioma nacional" el tagalo, pero con la condición de que se usase el texto obligatorio del *balarila* preparado obedientemente por Lope K. Santos.

La idea era destruir al idioma tagalo, haciéndolo retroceder a los tiempos prehispánicos para que, en lo sucesivo, no amenazase el avance del ingles. De ese modo, mientras se utilizaba el "nuevo" tagalo purificado de hispanismos como un arma más para quitarle espacio al idioma español, se insistiría en la enseñanza y uso obligatorios del inglés. Pues, en aquellos años el inglés, a pesar de su obligatoriedad en todos los niveles de la escuela pública, apenas avanzaba como idioma conocido en estas islas. A la fuerza se tenía que tolerar el uso oficial del español porque era el idioma de todos los filipinos educados, los profesionales abogados, médicos, ingenieros, maestros, científicos, artistas, comerciantes, etc.

El político Quézon no intervino en la supresión del diario *El Renacimiento* y, aunque luego se opuso al *balarila* de Lope K. Santos, diciendo que "se debe tirar al Río Pásig semejante sabotaje al idioma tagalo", se convenció al fin que nada se podía hacer a favor del mismo idioma tagalo. Se consoló más tarde con el hecho de que, a pesar del monstruoso *balarila*, el idioma tagalo estaba reforzándose hasta en las provincias no-tagalas del país.

En cuanto a la política independentista que acaudillaba, Don Manuel Luis Quézon quiso creer que el establecimiento de la *Philippine Commonwealth* o "Mancomunidad filipina", nunca iba a ser un engaño, como lo era el *balarila* para justificar una propaganda sobre la supuesta asimilación benévola (*Benevolent Assimilation*) por parte de los neocolonizadores. Pero Don Manuel, quizá más enfocado en la política lingüística como en la política independentista, no se dio cuenta que la imposición del *free trade* sobre el gobierno y pueblo filipinos iba, a la larga, a socavar toda independencia política que él pudiese lograr mediante sus negociaciones con sus amos radicados en Washington D.C.

El *free trade* o "intercambio de productos libre de aranceles" fue el truco americano para controlar las economías de Filipinas. Mientras se otorgaba la supuesta emancipación política, la economía filipina y su moneda, estaban firmemente atadas a los dictados norteamericanos. Sin libertad económica, la independencia política, supuestamente otorgada por generosidad a los filipinos, venía a ser una gran mentira.

Y Quézon no pudo evitar esta tragedia que es ahora la raíz de la pobreza filipina, pues se consolaría con el pensamiento de haber hecho todo lo posible para manumitir a los filipinos en el terreno político. Los filipinos dirigirían, después de todo, todos los ramos del gobierno de sus islas. Y para empezar, él ya había logrado, por lo menos, estar a la cabeza de aquel gobierno de ensayo que se llamó mancomunitario. Don Manuel tampoco se dio cuenta que la implantación de dicho gobierno mancomunitario con EE.UU. se llevaba a cabo con bastante prisa, por temor a la inminente declaración de guerra en contra de Estados Unidos por el vecino Imperio japonés.

Casi de súbito, Quézon y sus contemporáneos, como Claro M. Recto, Benigno Aquino padre, o José P. Laurel, se vieron, en 1942, agredidos por el Imperio del Japón y, como respuesta a esa invasión,

Inauguración, Mancomunidad Filipina, 1935.

igualmente vieron cómo las fuerzas *wasp* precipitadamente abandonaron todas las Islas Filipinas a la merced de las fuerzas japonesas. El Gral. Douglas MacArthur se escapó de Filipinas dejando tras sus pies en polvorosa la débil promesa de que iba a volver (*I shall return!*). Buena retirada para quien había tanto humillado la capacidad del hombre asiático.

Entonces, un ya moribundo Quézon, también pudo ver cómo los norteamericanos lograron recuperar Filipinas de los japoneses en 1944, so pretexto de una "batalla liberadora", que de soslayo permitió a los ultraconservadores y sectarios norteamericanos el inexplicable bombardeo de iglesias católicas y la destrucción de Intramuros, la originaria y vieja Manila, con el objetivo de eliminar a los filipinos de habla hispana y borrar de la mente de las nuevas generaciones todo recuerdo positivo de España.

La lucha de Quézon fue heroica, y hubo momentos gloriosos durante su vida, cuando logró que verdaderamente se respetasen la dignidad y el señorío de los filipinos, por el enemigo racista que se presentaba ante él como un lobo disfrazado de oveja.

Los filipinos que se hicieron comunistas por odio a los japoneses (Hukbalahap) como a los americanos, y por odio al "colaborador" de los colonialistas usenses, Quézon, luego asesinaron, en una emboscada cobarde, a su viuda, Doña Aurora Aragón, y a una hija suya, Aurorita, cuando regresaban en coche a su pueblo natal, Baler. Les sobrevivieron un hijo, Nonong, y otra hija, hoy la Sra. Nini de Avanceña.

Don Manuel Luis Quézon aun es recordado como el padre del idioma tagalo, llamado ahora filipino, y como el padre de la independencia política de Filipinas.

4. JOSÉ P. LAUREL Y GARCÍA (1891-1959)
El presidente restituido de la II República

Batangueño. Era hijo de un militar que defendía a la Primera República de Filipinas de 1896 en contra de la invasión americana de 1899. Ese militar era Don José Sotero Laurel, uno de los delegados que escribió y firmó la constitución filipina de Malolos. José Protacio Laurel y García nació el 9 de marzo de 1891. Se educó en español antes y luego en inglés bajo mentores sajones en el colegio de leyes de la Universidad

José P. Laurel.

de Filipinas (UP). Llegó a ser un respetado magistrado del Tribunal Supremo de Filipinas durante el gobierno de la Mancomunidad. Durante ese tiempo no se avenía con los gobernantes estadounidenses, entre ellos el Gobernador General Leonard Wood, que estaba abiertamente en contra de dar la independencia a Filipinas.

Cuando los japoneses tomaron Filipinas, José P. Laurel fue elegido presidente de la República Filipina, permitida por el ejército japonés entre 1943 y 1945. Trató de defender los derechos del país ante los que pudieran haber sido los excesos de los militares nipones. Pero, cuando los japoneses se percataron que iban a perder la guerra, el Presidente Laurel nada pudo hacer para evitar las atrocidades cometidas en nombre del vigente conflicto bélico.

Al volver los americanos a la destruida Manila, le acusaron a José P. Laurel, con Claro M. Recto y tantos otros líderes filipinos, de "colaborar" con los japoneses. No quisieron comprender que el papel desempeñado por Laurel y Recto no fue fácil, ya que eran ellos mismos, los americanos, los que se escaparon de Filipinas a la primera llegada de las tropas imperiales del Japón dejándoles, en efecto, a los filipinos, a la merced del ejército japonés de ocupación.

Laurel y Recto tuvieron que enfrentarse a los japoneses y negociar, a fin de asegurarse la supervivencia del Estado filipino. No fueron pocos los filipinos que calificaron de cobardes a los norteamericanos puesto que, en comparación con los españoles, ejemplarizado por Simón de Anda, éstos nunca abandonaron a Filipinas cuando los ingleses la invadieron en 1762, ni cuando el corsario chino, Lima-hong, trató de tomarlas en 1574. Los españoles, por más reducidos que eran en número (su número total nunca rebasó los 13,000 durante los primeros 250 años de su dominio) jamás abandonaron a los filipinos a su suerte cuando otras naciones más fuertes, como Inglaterra y Holanda, invadieron a fuerza de armas a estas islas. Es de notar que los holandeses organizaron no menos de veintisiete invasiones contra Filipinas, y ninguna de éstas triunfaron, porque los filipinos, entonces ciudadanos españoles, secundaban por propia voluntad todos los esfuerzos de defensa y resistencia organizados por los gobernantes españoles y mejicanos desde Manila.

El Presidente Laurel, dicen otras fuentes, aprendió el i-dioma japonés, por el que más le apreciaron los altos oficiales del ejército japonés. El Presidente Laurel, leal a su señor padre y a la Primera República Filipina a la que pertenecía, recibió bien a los militares japoneses que arribaron a Filipinas con el Gral. Artemio Ricarte, "El Víbora", del anterior ejército del Presidente Aguinaldo; de hecho, compañero de fatigas del autor de sus días. El Presidente José Protacio Laurel, gran conocedor de la historia filipina, quedó totalmente de acuerdo cuando los japoneses le dieron a entender que venían para liberar a los filipinos de la invasión *wasp* desde hace ocho lustros, y reinstalar la originaria República de 1896 y 1898.

Laurel bien sabía la historia del Gral. Artemio Ricarte, y la razón por la que él se auto-exilió al Japón, sobreviviendo como profesor de español por cuarenta años. Y es porque el Gral. Artemio Ricarte, el puro patriota que era, jamás quiso aceptar la soberanía norte-americana sobre sus Islas Filipinas.

Con la colaboración de patriotas filipinos como Ricarte, el Japón inauguró una República Filipina independiente de Estados Unidos con Laurel como su presidente. Laurel y su gabinete lograron salvar la vida de muchos filipinos cuando los comandantes y soldados japoneses, amenazados por el arribo de las fuerzas norteamericanas, se entregaban al suicidio y al *kamikaze* (morir matando) al verse inminentemente vencidos. Los japoneses no podían comprender cómo, la población filipina, engañada por la propaganda norteamericana y la enseñanza de una historia filipina falseada, se atrevían a demostrar imprudentemente su complacencia por la anunciada llegada de los "libertadores". Este partidismo irresponsable a favor de los americanos fue lo que verdaderamente provocó más aun la hostilidad y la violencia por parte de las fuerzas japonesas en contra de los civiles filipinos, pues el pro-americanismo de unos pocos incautos, los japoneses se sintieron traicionados por la generalidad de los filipinos, a los que hasta cierto punto aun consideraban como una "raza hermana" que debiera liberarse del yugo económico y político *wasp*.

Si EE.UU. no hubiese anunciado que arribaría a Filipinas, ignorando el plan de uno de sus almirantes de arribar en Okinawa y Formosa, en vez de venirse a Manila, las fuerzas japonesas no se hubiesen entregado al incendiarismo y la masacre de civiles. Y Manila se hubiese librado de los efectos destructores y devastadores del vorágine japonés y, a la vez, del irresponsable cañoneo y bombardeo americano "al estilo de alfombra" (*carpet shelling and bombing*), que terminó allanando lo que quedaba en pie a la merced del terrible, por incomprensible, zarpazo de los buldózeres y grúas usenses. Fueron los Estados Unidos los que adrede destruyeron y borraron de la tierra en que estaban en pie la casi entera ciudad murada de Intramuros, amen de sus arrabales de extramuros, como Ermita y Malate.

En resumidas cuentas, fueron las propias fuerzas de Estados Unidos las que más mataron y más destruyeron en la Manila que supuestamente liberaban de los enloquecidos nipones. Y la agenda de destruir la herencia cultural de Filipinas se puede entrever de forma clara en esta terrible masacre y destrucción genocida mediante el bombardeo y cañoneos irresponsables.

En cuanto a la herencia hispana de Filipinas, la pertinencia en particular del idioma español, el Presidente Laurel, que lo tenía como su lengua, no en balde hizo un comentario "independiente". Dijo luego el Presidente Laurel:

> Por otro lado, y como casi por ironía, la verdadera liberación del individuo filipino igualmente depende de su aprendizaje y uso del mismo idioma español o castellano, siendo este idioma el vehículo de su historia y de su identidad nacional. Triste será el día en que los españoles, y los hispanoamericanos pudientes, dejasen de secundarnos en nuestros esfuerzos por conservar este idioma común en nuestras islas frente al inglés. Tanto españoles, como hispanoamericanos, como filipinos, habremos perdido, en el momento en que desaparezca por completo el idioma español en estas Islas, el orgullo de ser lo que somos, la dignidad de personas, el amor propio, el autorrespeto, la decencia en todo, porque todos, juntos, habremos igualmente admitido que ya no somos lo que debiéramos ser y que estamos sumidos en la mayor desgracia de todos los tiempos: la desunión y la desorganización frente a un común enemigo que nos fuerza su malsonante idioma.

Al terminar aquella supuesta "Guerra de liberación", el Presidente Laurel y sus compañeros de fatigas, Don Claro M. Recto y Benigno Aquino padre, fueron encarcelados por los oficiales del ejército americano en 1945. Pero, buenos abogados que eran, se pudieron defender con razones contundentes, además del decidido apoyo que siempre tuvieron del Presidente Quézon. Cuando el Presidente Quézon se refugió con el Gral. Douglas MacArthur en la isla fortaleza de Corregidor —que se encuentra a la entrada de la inmensa bahía de Manila—, el segundo le ordenó a Quézon que declarase traidores, por colaborar con el enemigo invasor, a Laurel, Recto, Vargas y Aquino. Pero Don Manuel, el hombre sabio e íntegro que era, le dijo que jamás haría semejante barbaridad en contra de sus prominentes compatriotas.

A la larga, los neocolonialistas *wasp* encabezados por el alto comisionado Paul McNutt y el Gral. MacArthur, tuvieron que retirar sus acusaciones de "colaboradores traidores" en contra de Don José P. Laurel y compañeros. El Presidente Manuel Roxas, que también fue acusado de "colaborador", declaró una amnistía general y los puso libres. Los historiadores filipinos en ingles, por temor a los americanos, adrede omitieron el puesto de Laurel como uno de los presidentes filipinos, de la misma forma en que han omitido hasta ahora a Macario Sacay de León como tal. Fue el Presidente Diosdado Macapagal el que ordenó que se le reconociera, en los libros de historia obligados en las escuelas filipinas, a José P. Laurel, como uno de los presidentes de Filipinas.

5. SERGIO OSMEÑA Y SUICO (1878-1961)
El rebelde inescrutable

Hijo del Parián, o del Gremio de Mestizos, de Cebú.[1] Perteneciente a un clan acomodado de agricultores, hacenderos favorecidos con tierras concedidas a ellos por el gobierno español de entonces, de origen chino cristiano, Sergio Osmeña y Suico nació el 9 de septiembre de 1878. Estudió las primeras letras en lo que

[1] Parian es el otro nombre de "Sector de Mestizos" o "Barrio de Mestizos". Se debe señalar que los referidos "mestizos" no son biológicamente de españoles sino de emigrantes chinos que fueron cristianizados e hispanizados por los frailes misioneros, particularmente los dominicos y los jesuitas españoles. Así que la clasificación de "mestizo" en Filipinas se refiere a los chinos cristianos y a sus descendientes, cuyo idioma materno es el castellano. Los vástagos de matrimonios entre españoles peninsulares, o insulares, y chinos cristianos, llegaron a denominarse "mestizos terciados" por ser mezcla de indígena, chino cristiano y español. De esta clase de mesticería (*kamistisuhan* en tagalo) provienen José Rizal, el Padre José Burgos, Emilio Aguinaldo, Claro M. Recto, Don José María Tuason, el Gral. Aniceto Lacson de Bacólod, José Locsin Sian de Yloílo, Manuel Luis Quézon y muchísimos otros prominentes filipinos que eran principalmente de habla castellana.

ahora es la Universidad de San Carlos de Cebú. Al subir al nivel secundario, cuyo medio era el castellano, pasó a estudiar en San Juan de Letrán, ubicado en Intramuros de Manila, donde conoció a Manuel Luis Quézon. Cuando éste fue elegido presidente de la Mancomunidad filipina, Don Sergio fue elegido vicepresidente en 1935.

Pero antes de ser vicepresidente de la Mancomunidad, Don Sergio ya había empezado su carrera política en 1907, cuando fue elegido como uno de los miembros de la Asamblea filipina de aquel año.

Sergio Osmeña.

Se había graduado en abogacía por la Universidad de Santo Tomás de Manila y estaba bien preparado para dedicarse al servicio gubernamental y social. Profundo conocedor del idioma castellano, fundó el diario *El Nuevo Día* de Cebú redactándolo, con otros grandes escritores cebuanos en español, por más de tres años.

Al morir del Presidente Quézon, Don Sergio Osmeña inmediatamente ocupó la presidencia filipina, a pesar de haberse exilado a Estados Unidos para evitar la guerra con el Japón en su propio país. Cuando regresó Don Sergio de EE.UU., Filipinas estaba destruida y totalmente empobrecida por la guerra que, para beneficio de Estados Unidos, se tuvo que sostener en contra del Japón. En el mundo, Manila fue la ciudad más devastada después de Varsovia.

Don Sergio reorganizó toda la estructura gubernamental de Filipinas. El 27 de febrero de 1945, por Orden Ejecutiva Número 27, consiguió restaurar la autoridad civil del gobierno mancomunitario por encima de la autoridad militar que los americanos aun tenían en sus manos. Nombró inmediatamente a varios prominentes filipinos como los nuevos miembros de su gabinete. Su gobierno tenía por idioma oficial el español por encima del inglés, que no se molestaba en conocer o usar del todo.

Los colonizadores usenses, para evitar el gasto que tendrían que hacer para la reconstrucción de Filipinas por la guerra con el Japón en la que la involucraron injustamente, luego fingieron dar la independencia a este país el 4 de Julio de 1946. Apenas desplegada la bandera filipina desde las alturas de las astas oficiales de cada edificio gubernamental, los norteamericanos inmediatamente decretaron que se celebrasen elecciones presidenciales dentro del mismo año de 1946.

El entonces Presidente Osmeña presentó su candidatura, frente a la candidatura del político Don Manuel Roxas Acuña, entonces muy favorecido por los neocolonialistas usenses. Entre tantas otras consideraciones, Manuel Roxas era miembro de la misma masonería que profesaban los colonizadores *wasp*, mientras Don Sergio Osmeña permanecía inescrutablemente católico romano e hispanohablante como buen descendiente de los chinos cristianos de ayer.

No eran pocos los filipinos de aquel tiempo que concluyeron que Estados Unidos se precipitó en otorgarles la independencia en 1946, por la sencilla razón de librarse de su obligación de antes reconstruir la infraestructura devastada de las Islas. Pues era el deber de los EE.UU. llevar a cabo esa reconstrucción, antes de otorgarles a los filipinos "la independencia política y económica".

Pero la agenda de los *wasp* usenses tenía que prevalecer por encima de cualquier otra consideración. Y se empeñaron en entregarles a los filipinos su supuesta independencia para librarse de la responsabilidad de reconstruir antes al devastado país. Era obvio que dieron dicha independencia de forma casi precipitada, para inmediatamente forzarles a los presidentes filipinos, bajo su dura influencia, a hacer préstamos, o empréstitos, de sus bancos para que, por su propia cuenta, "reconstruyan su propio país". Los bancos prestamistas a los que estaban obligados, dichos presidentes filipinos a hacer los escandalosos empréstitos con altos intereses, son los mismos de ahora, los que hoy, en pleno 2009, cobran las deudas con altos intereses. Vienen a ser el Fondo Monetario Internacional y el Banco Mundial.

Don Sergio Osmeña inmediatamente se dio cuenta de la maniobra usense, maniobra y truco sucio que consideraba como un acto de vil traición y pillaje sobre los recursos naturales y económicos de Filipinas. Es por eso que al presentar su candidatura en 1946 para presidente de la *Republic of the Philippines*, Don Sergio anunció que no invertiría ni un céntimo para poner en marcha una campaña electoral a favor suyo. Dijo que el pueblo filipino ya le conocía bastante bien, porque él ya les había servido por más de cuarenta años en varios cargos.

Los estadounidenses comprendieron que Don Sergio Osmeña era el tipo de filipino que no podían ni manipular ni engañar ni corromper. Es por eso que se aseguraron que perdiera las elecciones presidenciales de 1946. Triunfó Manuel Roxas y Acuña. Supieron desde aquel tiempo que no podían dominar a los filipinos si seguían siendo "chinos cristianos de habla española como Don Sergio Osmeña". Tan solamente podían explotar a favor suyo las economías, como los políticos de Filipinas, mediante los ya desnaturalizados filipinos que, como políticos controlados por ellos, gustosamente endeudarían al pueblo en nombre de la *Republic of the Philippines*. Pues ya tendrían sus consabidas comisiones o sobornos. Después de todo, tales empréstitos tenían que pagarse con altos intereses. Y su pago anual tendría que efectuarse como un ítem automáticamente incluido en el *annual* presupuesto nacional de la *Repúblic of the Philippines*.

Con el tiempo, y con políticos filipinos de habla inglesa, la deuda extranjera a los bancos americanos, como el Banco Mundial y el Fondo Monetario Internacional, se ha convertido en un escándalo político y social, a la postre, porque abría las puertas a la directa intervención política de los neocolonialistas desde el Departamento de Estado de Washington D.C. Esta desvergonzada intervención, particularmente en las economías y en la política extranjera del país, como en la imposición obligatoria del inglés como único medio de instrucción, es el negro factor, según el nacionalista Claro M. Recto, que anula la mencionada "independencia" política supuestamente otorgada a Filipinas sarcásticamente el 4 de julio de 1946.

El proceso de gradualmente hundir en supuestas "deudas extranjeras" al gobierno y pueblo filipinos en los estamentos de los bancos *wasp*, lo pudo vislumbrar, desde un principio, el Presidente Osmeña, razón por la que muy pronto se retiró de la política de una "Philippines" que, para él, ya empezaba a ser un juego de chanchullos y corrupción burocrática.

Los consejeros intervencionistas no lograron intimidarle al sereno y recogido Presidente Osmeña para que hiciera grandes empréstitos de los bancos usenses so pretexto de desarrollar la economía del país. Osmeña, mediante su suave inescrutabilidad, no consintió que se hicieran los injustificados empréstitos a los bancos en la medida en que otros presidentes de Filipinas fueron, luego, forzados a firmar.

Con sus placenteros recuerdos como periodista en español, director y redactor del periódico cebuano *El Nuevo Día*, el inescrutable Don Sergio Osmeña se retiró de la política para pasar con relativa tranquilidad el resto de sus días en su viejo Parián cebuano. No es en vano que Cebú fuera la primera ciudad fundada por españoles, donde murió Fernando de Magallanes, en estas Islas.

Su mayor legado al pueblo filipino es haber tratado de evitar su endeudamiento a fin de salvarlo de la pobreza y la miseria que, a la postre, la arrastraría hacia el fraude y el caos político.

6. MANUEL ROXAS Y ACUÑA (1892-1948)
El primer presidente de la III República

Manuel Roxas y Acuña nació a principios de 1892 en la provincia de Cápiz, Isla de Panay, Visayas. Su padre Gerardo Roxas era mestizo de español que, según lo que se contaba en la ciudad de Cápiz (hoy rebautizada Roxas), murió en un duelo, por el que el cura párroco de su pueblo se resistió en darle un funeral católico.

Se habló además de que era miembro de la masonería norteamericana, detalle que era de la displicencia de sus compoblanos que, todavía, se adherían a la soberanía de la Primera República de Filipinas. Su enviudada madre, Rosario Acuña, heredera de una familia más o menos acomodada, se cuidó en educarle con esmero, juntamente con sus dos otros hermanos, Mamerto y Margarita.

Manuel estudio en la Universidad de Manila, fundada por el maestro y músico Don Mariano Jocson, recordado como el autor del "Himno filipino al idioma español". Allí mejoró su conocimiento del idioma castellano. Pero el joven Manuel Roxas se matriculó en el Colegio de Derecho de la Universidad de Filipinas, o la *University of the Philippines* fundada en 1908 por los americanos para competir con la vieja Universidad de Santo Tomás.

Manuel Roxas.

Allí se educó en inglés graduándose en 1913. Pasó el examen de abogados en ese mismo año llevándose los más altos honores. De allí su ambición fue hacerse político. En 1921 sus conexiones con los neocolonialistas norteamericanos le hicieron ganar un escaño en la Cámara de Representantes de Filipinas, donde se le eligió portavoz o presidente de la misma.

Cuando se estableció la Mancomunidad Filipina con EE.UU. en 1935, Don Manuel fue también miembro de la Cámara y secretario de finanzas del Presidente Quézon hasta 1941. Los filipinos de habla hispana le mal recuerdan como el que trabajó para que se vetase la aprobación presidencial de una ley del Representante Don Pascual B. Azanza, de Leyte, que proponía la enseñanza del castellano en los niveles de la educación secundaria y la universitaria de Filipinas. Lo que se entendía como "su conducta subsirviente" ante los dominadores americanos fue considerado por el patriótico electorado filipino como "un defecto grave y peligroso". Sus enemigos le moteaban como el político filipino que "se acerca al sol que más calienta". Don Manuel quedó tan malquisto que hasta se señalaba, en frecuentes conversaciones particulares, el "mal fin" que le esperaba, a raíz de un vaticinio pronunciado por una monja clarisa en 1840 por el que todos aquellos caudillos filipinos que tratasen de desarraigar la identidad filipina, quedarían castigados con un "mal fin" que, a veces, "ha de ser lento a la vez que violento".

El Presidente Quézon, conocido por su carácter temperamental, le llegó a dominar muy acabadamente a Don Manuel, hasta en su vida personal. Quézon le dijo hasta con quién se debiera casar. Tras lograr las enmiendas de la constitución Filipina de 1935 para incluir en ella el *parity amendment* por el que se les daba a los americanos los mismos "derechos de paridad" para explotar todos los recursos naturales de las islas, se habló que Roxas tuvo que casarse con la belleza de San Miguel de Mayumo (provincia de Bulacán), Doña Trinidad Sevilla de León, en vez de su novia comprovinciana, la famosa cantatriz de opera, Doña Jovita Fuentes, "por razones de política".

Jovita Fuentes era una soprano de tan aquilatado timbre que triunfó en las salas de ópera de España e Italia. Y se le recuerda hasta nuestros días por su triste y romántica canción titulada en bisaya *"¡Ahay Kalisud!"*, que también cantaba con letras en español bajo el título de "¡Ay, ay qué dolor!". Es creencia popular que esta canción la dedicaba Jovita Fuentes a su admirado Don Manuel. Desde luego que este episodio "romántico" le hizo más popular a Roxas ante el ordinario público filipino. Esa popularidad pareció favorecerle, ya que se preparaba para ser el siguiente presidente de Filipinas en contra del conservador y muy respetado Don Sergio Osmeña.

Pero la ocupación japonesa de Filipinas interrumpió lo que se describía como el ascenso meteórico de Don Manuel. El ejército americano se escapó a EE.UU. con el Gral. Douglas MacArthur a la cabeza. Pero el Gral. MacArthur se fue primero en submarino a Australia llevándole, como su rehén, al Presidente Manuel Luis Quézon y familia, antes de llevarles al fin a EE.UU.

Don Manuel, abandonado a su suerte en Filipinas, fue capturado por los japoneses en 1942. Pero el presidente, Don José P. Laurel, valiéndose de su influencia sobre el ejército japonés, le mandó libertar y le hizo su consejero sobre economía. En resumidas cuentas, Don Manuel Roxas era uno de los que también firmó la ley orgánica, o constitución, que creó la República filipina apadrinada por el ejército japonés de ocupación. También sirvió a los ocupantes japoneses, aunque se alega que se mantenía en contacto con la guerrilla secreta local que seguía siendo leal a los Estados Unidos.

Cuando llegaron los "libertadores" americanos, Don Manuel fue uno de los que fueron arrestados, acusados y encarcelados "por colaborar con el enemigo japonés". Se vio encarcelado por un tiempo, hasta que el Gral. Douglas MacArthur, por ser su hermano en la masonería, lo mandó exonerar. Y es cuando Don Manuel volvió a la política, apoyado por los americanos, fue elegido el primer presidente de la ahora *"independent Republic of the Philippines"*.

Pero la independencia estaba impuesta sobre las ruinas de la guerra de EE.UU. con el Japón. La economía filipina quedó totalmente paralizada. Como bien dijera el escritor Nick Joaquín: *"But when independence came, how were we? A nation in ruins, a nation a-stink with rotting corpses, a nation in charity rags fed with charity rations, a nation even more mendicant than before in the American market"*. Así lo dice en la página 328 del capítulo "The American Interlude", de su libro *Culture as History*. Para que mejor se entienda, la traducción española reza: "Y cuando vino la independencia, ¿cómo nos encontrábamos? Una nación en ruinas, una nación que apestaba con el hedor de cadáveres por doquier en estado de putrefacción, una nación en andrajos que apenas se alimentaba de raciones de limosna, una nación más mendicante que nunca ante el mercado americano".

Don Manuel Roxas, ya elegido presidente por la ayuda financiera que los *wasp* le dieron, no vivía ajeno a la miserable situación en que se encontraba la República filipina que él presidía. Los que le conocieron de cerca afirman que él estaba altamente preocupado por los problemas a resolver. Sobre sus hombros presidenciales había caído la obligación de reconstruir el país. Lo que le quedaba de cultura insular, según los que le conocían de cerca, le recordó lo que es ser buen filipino y luchar para el bien de su patria.

Por eso, cuando sus amigos y consejeros le propusieron que hiciera grandes empréstitos a los grandes bancos prestamistas para supuestamente financiar la reconstrucción de Filipinas, Don Manuel Roxas vaciló. Con objetividad estudió la situación filipina y, al enterarse que el gobierno filipino, su gobierno, quedaría endeudado a los prestamistas americanos, por el que les daba el derecho de dictar sobre él, y su entero gobierno, en la política económica, militar y hasta lingüística que se había de imponer mediante su presidencia, el Presidente Roxas se disgustó. Pero hombre prudente y recatado que era, supo ocultar su displicencia personal ante la idea de endeudar a un país arruinado como el de él.

Bien sabía Don Roxas que la destrucción y la ruina de su país había sido causada por los mismos americanos que ya lo venían explotando económicamente con el *parity rights* tras involucrarlo en su guerra contra el Japón. Y no cabe duda, nos dicen los que lo conocieron en esos momentos importantes de su vida presidencial, que se indignó, y entendió cómo un filipino de la cultura de Don Sergio Osmeña no había querido invertir ni un céntimo para una campaña electoral que le haría un presidente controlado por los neocolonialistas usenses, cuya agenda es controlar los destinos de Filipinas mediante el progresivo endeudamiento de su gobierno.

Los amigos y consejeros que le rodeaban se habían dado cuenta de la renuencia con que se mostraba cuando se le hablaba sobre el tema de hacer un *foreign loan* a sus bancos en Nueva York. En una ocasión le invitaron a pronunciar un discurso en su base aérea de Nichols, cerca de Manila, y tras tomar un vaso de agua, cayó instantáneamente muerto de un infarto. No ha faltado desde entonces la sospecha de que fue envenenado dentro de aquella base norteamericana. Y hasta se alega que fue con cianuro. Y el motivo de tal asesinato se centra en su renuencia, y resistencia, en hacer los sugeridos *foreign loans* a los bancos americanos.

Don Manuel Roxas Acuña, resultó ser a fin de cuentas, un gran patriota filipino y un buen y leal presidente de su pueblo.

7. ELPIDIO QUIRINO Y RIVERA (1890-1956)
El presidente conservador

Elpidio Quirino Rivera nació en un puerto marino cerca de Vigan, un pueblo que se llama Caoayan ("bambú"), que da hacia el Mar de China. Su madre, Gregoria Rivera, una ilocana frugal, tenía algo de sangre española; pero su padre, Mariano Quirino, era oriundo del opulento sector de mestizos de Vigan. Como la mayoría de los que componían el viejo sector de mestizos, Mariano Quirino era de origen chino cristiano.

Decir chino cristiano era decir mestizo, que era la clasificación española que se daba al emigrante chino que, para asentarse en Filipinas, adoptaba de corazón el idioma castellano como su primera lengua juntamente con el catolicismo, haciéndose de hecho ciudadano o súbdito español, como señala Re-

Elpidio Quirino.

tana en la acepción de «mestizo» en su *Diccionario de filipinismos*.

Para mantener la pureza de su estirpe en sus descendientes, el joven Elpidio se casó con la acomodada señorita Alicia Syquía, también del sector de mestizos de Vigan, quien guardaba como suyo el idioma español juntamente con el idioma ilocano, aunque la "educación" que se daba a su generación ya les imponía el idioma del coloniaje estadounidense.

Antes de su matrimonio, el joven Elpidio residió por un tiempo en el pueblo de Aringay, en la provincial de La Unión, donde llegaba el tren de Manila y donde se celebraban corridas de toros en las postrimerías del tiempo español. Aunque había empezado la secundaria en Vigan, Don Elpidio se graduó en la *Manila High School* en 1911. Pasó a estudiar derecho en la *University of the Philippines*, donde se graduó como abogado en 1915. De miembro del foro, pasó a la política y fue elegido a la Cámara de Representantes, donde sirvió hasta 1925.

Entre 1925 y 1931 sirvió como senador bajo el régimen colonial norteamericano hasta que, al establecerse la Mancomunidad Filipina, fue elegido secretario de finanzas. En 1934 Quirino fue miembro de la misión pro-independencia filipina y acompañó al Presidente Quézon a EE.UU. para conseguir la aprobación de la Ley Tydings-McDuffie, la cual fijó la fecha en que se otorgaría luego la independencia de Filipinas el 4 de julio de 1946.

Don Elpidio enviudó en 1944 cuando el bombardeo americano de Manila en contra de los enemigos japoneses alcanzó a su esposa, Alicia, y tres de sus cinco hijos, quitándoles a todos la vida. Don Elpidio sufrió en el silencio tan terrible pérdida.

Más tarde, Don Elpidio, de vicepresidente de la República asumió la presidencia del país en 1948, dos días después de la muerte repentina y misteriosa del Presidente Roxas en Nichols Field, una base americana en las afueras de Manila. En las elecciones presidenciales que se celebraron nacionalmente en 1949, Don Elpidio ganó fácilmente contra Don José P. Laurel. Continuó siendo presidente de Filipinas hasta 1953.

Al asumir la presidencia de Filipinas se dio cuenta que la economía de su país estaba peor de lo que creía. Los amigos y consejeros estadounidenses, no solamente gozaban del prestigio de "libertadores" de Filipinas tras la brevísima ocupación japonesa, sino que rodeaban la oficina del presidente para sugerir, cuando no presionar con bastante insistencia, el negocio de "empréstitos internacionales" elaborados por ciertos bancos desde Estados Unidos.

El préstamo a los bancos usenses era lo que se presentaba como la única solución a los problemas económicos del gobierno y pueblo filipinos, recientemente "otorgada la independencia por la benevolencia norteamericana". Pero el Presidente Quirino, compendio de la rígida frugalidad chino-ilocana y castellana, al enterarse de los intereses que los bancos usenses iban a cobrar, se negó a considerar la idea de hacer dichos empréstitos comprometedores. Su sentido del honor, como el clásico caballero castellano que, en el fondo era, no le permitía endeudar de forma tan criminal al gobierno y pueblo filipinos.

El Presidente Quirino también comprendió que pedir prestado tanto dinero de los bancos podría igualmente significar la intervención, y hasta la dictadura política norteamericana, sobre su oficina presidencial. Aquellos autollamados consejeros usenses que sugerían, con insistencia, tales empréstitos, los juzgó inmorales y sospechosos. Su firme negativa así lo indicaba.

Un autor de su biografía escrita en inglés señala que el Presidente Quirino fue "secretamente" depuesto del poder por la CIA usense. Este hecho se indica en una película sobre el Presidente Kennedy titulada *JFK*, producida por un tal Oliver Stone.

Y aquella negativa del Presidente Quirino a los propuestos empréstitos ofrecidos por los bancos americanos, se atribuye a su conocimiento del idioma español y al hecho de haber leído la obra *Defensa de la Hispanidad* por Ramiro de Maeztu, donde se dice que los gobiernos que hacen dichos empréstitos abrían las puertas para que los representantes de los mismos "co-legislen" con ellos en su propio país, anulando de esa forma su verdadera independencia política y económica:

> Donde quiera que los norteamericanos han acaparado monopolios
> o industrias para cobro de sus préstamos, han surgido las huelgas
> y las revoluciones contra los Gobiernos que han entregado al

extranjero las fuentes de la riqueza nacional. Así han podido advertir los norteamericanos la dificultad de realizar los sueños de imperialismo económico a distancia, que tan hacederos parecían.

Para sacudirse de encima la presión *wasp* que le obligaba a hacer dichos empréstitos a los bancos norteamericanos, instituciones bancarias que bien pudieran considerarse como los precursores del Fondo Monetario Internacional (IMF) y el Banco Mundial (WB), el Presidente Quirino anunció que iba a hacer una visita oficial al Estado español, en aquel tiempo representado por el caudillo Generalísimo Francisco Franco Bahamonde. Este anunció sorprendió a los consejeros usenses en Manila. No lo esperaban. Pero, comprendiendo que nada habían de ganar con una oposición frontal a los planes del Presidente Quirino, éstos decidieron utilizarle de otra manera. Le rogaron que hiciese llegar al Generalísimo español el deseo del gobierno de Estados Unidos de tener bases militares en España. El Presidente Quirino, tal como nos lo indicó más tarde su hija Victoria Quirino González (luego de Delgado), muy complacidamente aceptó el encargo de sus consejeros. Y así lo hizo en medio de la grandiosa recepción que dicho gobierno español le organizó.

El Presidente Quirino fue recibido como un hijo de España que se había extraviado pero que, al fin, volvía a la casa paterna. Así lo quiere decir en el número especial, dedicado a este acontecimiento, la entonces conocida revista *Mundo Hispánico*, que circulaba hasta entre muchos filipinos de habla hispana en estas islas. La consecución de las bases norteamericanas en España fue luego aprobada por el Generalísimo Franco y se le recuerda a Don Elpidio como uno de los que le abrió el camino a EE.UU. en España.

Por otro lado, para reafirmar la hispanidad filipina, el Presidente Quirino tuvo a bien llevar con él, en la visita oficial que hizo a España, al poeta filipino Manuel Bernabé, que triunfalmente declamó sus versos castellanos en el Teatro Lara de Madrid, como se dice en "La fe de Cristo y el amor a España":

> *¡Soñar Madrid! ¡Sentirme madrileño!/ Este*
> *era un sueño de mis viejos días, cuando iban*
> *navegando mis poesías/asidas a los mástiles de*
> *un sueño./ Filipinas, la virgen marinera, salta de*
> *una ribera a otra ribera, montante en trampolín*
> *de nipa y caña,/ y os trae, como regalos del*
> *Oriente,/ los dos soles que bailan en su frente.*

Manuel Bernabé.

Y José María Pemán le responde en su "Salutación a Filipinas en el poeta Manuel Bernabé" con los siguientes versos:

> *La Hispanidad nos suena como voz ancha y dura./ Su medida es*
> *la misma corvatura/ del camino del sol;/ pero hay un ramillete*
> *prendido en la cintura/ que aniña la estatura de este mundo*
> *español... Sois los benjamines/de la gente española:/ como un*
> *raro manojo de morenos jazmines/que acunan las sirenas de*
> *las olas... Y os queremos por eso,/con un temblor de pena y*
> *de cariño.../ Vuestro amor es más puro porque es de lejanía, y*
> *es vuestro castellano como un miedo en la voz. ¡Sois dos veces*
> *España, porque sois agonía, y España ha sido siempre agonía*
> *de Dios!/ ¡Nos hacéis falta, sílabas aisladas del Oriente,/ para*
> *que suene en verso nuestro grito de amor!...*

Pero el glorioso viaje del Presidente Quirino a España se omitió en una reciente exposición, organizada en 2008 en su memoria. Este significativo viaje y visita que hizo a España se excluye adrede de la lista que se hizo de sus visitas oficiales a tantos otros países del mundo. Y todos los que ya conocemos las usuales intervenciones usenses en las cosas filipinas, bien sabemos por qué se procede de semejante manera.

Desde luego que a su retorno, los diarios de Manila en español, en tagalo y en inglés, informaron que el gobierno del Generalísimo Franco le concedió un préstamo de diez millones de dólares para su gobierno.

Como una forma de socavarle al Presidente Quirino su popularidad, los consejeros americanos en su derredor inspiraron, muy al parecer, la publicación en la prensa local (que ellos controlan) que dicho empréstito español no bastaba. Tras presiones y chantajes, los que atosigaban a Quirino, consiguieron al fin su firma a favor de "varios tratados económicos" con EE.UU., que luego resultaron dañinos a la economía filipina, como el tratado con el nombre de *Foster Dulles*.

El Presidente Quirino ya estaba enfermo cuando sus enemigos orquestaron unas protestas en contra de su persona, como de su ejecutoria presidencial. Como no se le podía acusar de robar del erario público ni de aprovecharse de su alto puesto porque era un hombre honradísimo, le acusaron por el ridículo "crimen" de comprarse, con supuesto dinero del erario público, "una orinola de oro". Desde luego que el pueblo filipino bien sabía que esta acusación había sido fabricada traicioneramente para supuestamente denunciar "la corrupción en su gobierno".

Para seguir rebajándole al Presidente Quirino se le añadió otra denuncia "espectacular". Y esa fue la de "dormirse en una cama con incrustaciones de oro"...

Pero como tales denuncias, por ridículas y por increíbles, no hicieron mella en el prestigio personal del Presidente Quirino, el neocolonialismo *wasp* usense, que siempre conspira desde la sombra, decidió tomar medidas más descaradas en contra del que olímpicamente les ignoraba. Para impedir la reelección del popular Presidente Quirino, la intervención *wasp* en la política filipina le engendró un "verdugo", en un incauto, pero ambicioso, joven y nuevo político, Don Ramón Magsaysay.

Magsaysay había sido nombrado por el mismo Don Elpidio como su secretario de defensa nacional contra "la insurrección" de los ex-soldados del ejército filipino, entonces en contra de los japoneses (Huk-Ba-La-Hap), pero que luego se hicieron comunistas por odio al nuevo colonialismo americano sobre una Filipinas debilitada.

Fue el entonces Senador Claro M. Recto, celoso nacionalista, el que le calificó al mencionado "protegido político" como "el verdugo", el cual a la postre, acabaría con la carrera política y la vida misma del que le protegió. Al final de cuentas, el Presidente Quirino perdió la presidencia en una campaña política que se montó con dinero americano, hecho públicamente denunciado por el Senador Claro M. Recto "como una desvergonzada intervención neocolonial en la política interior de Filipinas, que vulnera la soberanía de este país".

Tras la derrota en aquellas siguientes elecciones presidenciales, donde tuvo por contrincante al entonces Secretario de Defensa Ramón Magsaysay, el Presidente Quirino se retiró de la política para poco después morir en la tranquilidad de su hogar con la serenidad de un verdadero mártir.

8. RAMÓN MAGSAYSAY Y DEL FIERRO (1907-1957)
El presidente desgraciado

No cabe la menor duda de que el Presidente Ramón Magsaysay y del Fierro era un buen hombre cuando el Presidente Quirino le hizo su secretario de defensa. El Sr. Magsaysay era de origen ilocano, pero oriundo de la provincia de Zambales. Se cuenta que era nada más que un humilde mecánico de coches y camiones cuando le conoció a la que sería más tarde su esposa, Doña Luz Banzon.

Ramon Magsaysay.

El escritor Nick Joaquín atribuye los rasgos físicos de Magsaysay a un lejano origen español, pues era alto y fornido. Por otro lado su rostro era el de un filipino corriente. Ojos pequeños y casi hundidos y pómulos altos y buena dentadura, que usualmente mostraba con una sonrisa que a todos les parecía muy simpática. Las masas filipinas le adoraron por la sencillez de su carácter y la pasión que mostraba para "la redención de las masas"...

Pero todo un filipino, así de bueno y así de sencillo, puede malearse, y sin saberlo él mismo, por una educación a medias en inglés que le infunda seriamente "una mentalidad colonial", convirtiéndole de hecho en un criado ciego de los manipuladores americanos.

En el caso del bueno, pero incauto, Presidente Ramón Magsaysay, fue la misma revista *TIME* la que le expuso como un filipino de "mentalidad colonial" frente a los usenses. Escribió lo que sigue dicha revista el 23 de noviembre de 1953, citándole, además, al mismo Magsaysay como coautor de sus dañinas palabras:

It was soon no secret that Ramón Magsaysay was America's Boy. For a time, U.S. Colonel Edwards Landsdale of the U.S. Air Force took a desk in Magsaysay's Defense Office, became virtually his mentor and publicity man. Polished, precise William Lacy, Counselor of the U.S. Embassy, became the man to whom Magsaysay turned daily for counsel. Lacy and other U.S. officials were worried by Magsaysay's open and unabashed exploitation of the friendship, but not Magsaysay. "What do you know about Filipinos?" he would say. "I tell you, my people like Americans, and they like to see me with Americans."

Lo sorprendente, además de curioso, es que sea la misma revista *TIME* la que, en la misma fecha y en los mismos artículos sobre Magsaysay, escribiera lo que sigue:

In spite of a Filipino law which forbids foreigners to contribute to election campaigns, U.S. business interests in the islands anted up some $250,000 at a time when Magsaysay's Nationalist Party was seriously shorts of funds.

Claro M. Recto, senador de la República y antiguo miembro del Partido Nacionalista al que Magsaysay también pertenecía, era un filipino formado a la hispana. Y es precisamente por esa formación por la que sentía un nacionalismo consecuente por su Patria. Se le tildaba de anti-americano, y hasta de comunista, al Senador Claro M. Recto de Batangas, por su firme defensa de la soberanía filipina. La verdad es que Don Claro, siendo de la vieja escuela filipina, nada de comunista tenía por la fortuna que se hizo como famoso abogado "de campanilla"... Su genio como jurista le elevó, a pesar de objeciones americanas, al puesto de magistrado del Tribunal Supremo del país. Don Claro M. Recto era decididamente un filipino que jamás se le podía llamar colaboracionista por los altos principios de ley y de patria que profesaba con la sensibilidad y la feroz integridad del jurista, del periodista, del poeta, del premiado dramaturgo y del brillante académico que era a la misma vez. Era, de hecho, el mejor académico de la lengua española en Filipinas correspondiente de la RAE de Madrid.

Partiendo de esos principios, no estaba nada conforme el ilustre Claro M. Recto con la abiertamente escandalosa intervención norteamericana en la política filipina de su tiempo. Pues comprometía todo lo que los filipinos de su timbre entendían como la independencia y la dignidad del gobierno y pueblo filipinos.

En una polémica con un periodista y escritor usense, Mr. Hortendorp, el lema que le puso por delante el formidable Senador Recto trataba sencillamente de que los americanos tuvieran "un respeto decente" a la soberanía de Filipinas. En inglés le dijo al Mr. Hortendorp: *"Have a decent respect for Filipino sovereignty"*...

Como era de esperar, los artículos de *TIME* sobre el Presidente Magsaysay, donde se revelaba la contribución americana de $250,000 a su campaña electoral para presidente del país, en contra de Quirino, altamente le indignaron al muy distinguido y leal Don Claro.

Una de sus cartas abiertas al Presidente Magsaysay, publicadas en toda la prensa filipina, fulminantemente se titulaba "Puppetry and American contribution to election campaign" (que se podría traducir como "Mamarrachadas, marionetería, y la contribución usense a la campaña electoral") publicada el 27 de julio de 1955 (véase el libro *My Crusade* de Claro M. Recto, Manila, 1955).

Los intervencionistas, como sus locales lacayos, pensaban que

Recto no sabía inglés, como para escribir en él. Se enteraron luego que, por su profundo dominio del idioma español, Don Claro logró aprender y dominar el inglés en solamente tres meses y en una medida mucho mayor que los inocentes párvulos filipinos des-educados en este mismo idioma, a la vez que en su propia lengua materna.

Posiblemente afectado por estos ataques esclarecedores de una cumbre intelectual y nacionalista filipino que, por ser de la vieja guardia filipino-hispana, tomaba muy en serio la dignidad de su Patria, el Presidente Magsaysay recapacitó y anunció una política de previa consultación con el pueblo filipino, antes de resolver alguna cuestión que afectase a los intereses nacionales. El lema que adoptó fue: *"Can we defend this in Plaza Miranda?"*. La Plaza Miranda del viejo arrabal de Quiapo en la Manila extramureña, siempre fue un foro público donde todas las asambleas, o concentraciones populares, se llevaban a cabo. Cuando el presidente del país algo tenía que decir al pueblo, se iba a la Plaza Miranda y allí exponía su programa gubernamental y hablaba directamente al pueblo que, en el acto, le decía lo que pensaba. Pero desde que se extendió la moda de la televisión, la vitalidad de la Plaza Miranda decayó un tanto aunque, hasta en el tiempo presente, todavía se organizan concentraciones, asambleas y los "mitin de avance" políticos en dicha plaza.

Ante estos antecedentes, los mencionados *wasp* se desengañaron sobremanera cuando el Presidente Magsaysay se negó a firmar algún empréstito que le sugerían, con la usual insistencia, a favor de los bancos usenses. Magsaysay, el grande, les contestó directamente que se irá a la Plaza Miranda para consultar con el pueblo antes de endeudar a su gobierno a los bancos americanos.

Es un hecho que los americanos, que le presionaban a firmar significativos empréstitos con altos intereses a costa del pueblo filipino, se olvidaron que Magsaysay también era ilocano, lo que le hacía seguir la tradicional frugalidad de su estirpe indígena e hispana. Y no cabe la menor duda que le escandalizarían al frugal Presidente Magsaysay los intereses que dichos bancos usenses cobrarían del gobierno y pueblo filipinos a la postre, además de abrir las puertas a la ruinosa intervención política y económica de los políticos, los banqueros y los espías *wasp*, tal como lo señalaban los filipinos de formación hispánica como Recto.

También fue en 1953, durante la administración del Presidente Ramón Magsaysay, cuando el *Summer Institute of Linguistics* (SIL) entró en Filipinas por influencia de la CIA usense. Y no fueron pocos los filipinos que consideraron como un mal agüero para el idioma tagalo y el idioma español en el sistema educativo de Filipinas la intervención de estos "lingüistas". El odio estadounidense al idioma español emparejado con el deseo de acabar con filipinos como Recto —que les atajaba de forma eficaz en el pillaje (*plunder*) que siempre han tenido como agenda primordial sobre los intereses filipinos—, es posiblemente la única causa por la que se puso en marcha la campaña sistemática para acabar con un segmento social filipino culturalmente instruido en lengua castellana. Pues siempre se quiso hacer mangas y capirotes de los indefensos e ignorantes filipinos *mis-educated* en inglés, en cuanto a sus derechos económicos y lingüísticos.

Tras una visita a la ciudad de Cebú, el avión —con nombre «Monte Pinatubo»— que le llevaba al Presidente Magsaysay de vuelta a Manila, se estrelló en el Monte Manunggal de Cebú tras apenas despegar. Dicho avión presidencial chocó contra el mencionado monte porque alguien cambió la hélice de dicho avión por otra más pequeña, razón por la que al despegar no pudo, dicho avión, rebasar la altura del Monte Manunggal. Según el autor del libro, *Some Are Smarter*, el piloto de aquel avión presidencial, un tal Bartolomé Cabangbang, no se enteró de cómo se pudo cambiar la hélice por otra de menor alcance… Todos murieron con el Presidente Magsaysay en aquel avión, menos un periodista apellidado Mata (Néstor) que, poco antes de morir, señaló a los que sabotearon al avión en que él estaba con el Presidente Magsaysay.

Pero los que saben de tales "accidentes", que también quitaron la vida de un presidente ecuatoriano que se atrevió a expulsar de su país al SIL, o la vida del Presidente Torrijos de Panamá, señalan con el dedo a los que llegaron a odiar al Presidente Magsaysay por su firme negativa de endeudar a Filipinas a los bancos usenses.

Pues así se quiere dominar al mundo mediante la férula económica y política, y el idioma inglés. Es una férula forzada sobre países como Filipinas que resultan empobrecidos a la postre por la explotación foránea que termina en el descarado pillaje de sus recursos naturales. Y, ¿nos van a hablar los *wasp* y sus lacayos de los pasados abusos y excesos españoles en las Islas Filipinas? Filipinas fue el escenario donde los americanos primero experimentaron y siguen experimentando su colonialismo enajenador, cultural y política, bajo el subterfugio de la democracia y la libertad. Y lo seguimos viendo en Vietnam, en Afganistán, en Irak…

9. CARLOS GARCÍA Y POLÍSTICO (1896-1971)
El presidente obediente

Carlos P. García fue poeta boholano en lengua cebuano-bisaya (*balak*). A pesar de reeducarse en inglés, el nacionalismo filipino que aprendió en español mucho influyó en su política. Fue otro Presidente más, después de los Presidentes Sergio Osmeña y Elpidio Quirino, que aprobó la ley "del idioma español" del Congresista Miguel Cuenco, por el quinto distrito de Cebú, por la que se incluían ocho asignaturas regulares de español en todos los cursos universitarios con una equivalente total de 24 unidades. Y la razón de su postura pro-lengua española nos lo expuso él mismo cuando declaró:

Carlos P. Garcia.

> Fervoroso creyente, por un lado, en la pervivencia del lenguaje
> español en nuestro país, considerado como una de las bases
> más firmes de la cultura que nos honra y distingue, y por otro,
> teniendo en cuenta que nuestra historia nacional está escrita en
> dicho idioma, y que es el lenguaje en que escribieron nuestros
> caudillos, los próceres del pensamiento filipino, los héroes y
> mártires de nuestro glorioso ayer, creo un deber de justicia y de
> gratitud fomentarlo y conservarlo para la posteridad.

Así se puede leer en la página 16 del libro *Discursos de Malolos
y poesías filipinas en español*, publicado por el Buró de Imprenta
Pública en Manila, 1963. La ley de Don Miguel Cuenco enmen-
daba la anterior ley del senador negrense, Don Enrique Magalona,
por la que sólo se requerían 12 unidades de gramática y lengua
española a todos los universitarios filipinos, aprobada en 1949 por
el Presidente Sergio Osmeña. De esas ocho asignaturas, cuatro se
trataban de la enseñanza de la gramática de la lengua española y las
restantes cuatro trataban de la enseñanza de los escritos políticos,
como literarios, de prohombres filipinos para enderezar los errores y
omisiones garrafales en la enseñanza de la historia filipina que adrede
se había puesto en los libros de texto en inglés, luego obligados a
los incautos niños y jóvenes estudiantes filipinos, por los *wasp* y sus
lacayos locales en el sistema de educación oficial de esta República.

Los americanos se opusieron vigorosamente en con-
tra de esta ley. Pagaban (*hakot* en tagalo), bajo cuerda, a los
"activistas" e izquierdistas estudiantes, como el que luego
se hizo el supremo del Partido Comunista de Filipinas, apoyado por el gobierno comunista de la China continental, para que
se organizasen demostraciones estudiantiles delante de la Casa
Legislativa demandando la abrogación de dicha ley. Los estudiantes
"activistas" fueron enseñados a descalificar al idioma español como
"la lengua del colonialismo" y como "un idioma muerto" (*a dead
language*).

Además de la ley del español de 24 unidades (8 asignaturas en la
universidad), el Presidente García tuvo por lema el eslogan *Filipino*

First! ("¡Primero, el filipino!") en economía. Es decir, que los primeros que deben antes disfrutar de las utilidades de sus recursos naturales deben ser los filipinos. Desde luego que los que no se vieron afectados por la política del *Filipino First* fueron los supuestos inversionistas americanos, pues ya habían logrado, durante la presidencia de Manuel Roxas, enmendar la constitución Filipina de 1935 para meter en ella la cláusula de la paridad (*parity clause*). Por esta cláusula, el inversionista usense tenía los mismos derechos, a paridad, que los filipinos, en la explotación de los recursos naturales y del comercio de Filipinas. El Senador Recto tildaba de "otra enmienda Platt en Cuba", esta dañina cláusula.

La política del *Filipino First* logró persuadir a los chinos capitalistas que empleasen a filipinos de raza indígena como obreros, despachadores, cajeros, contables, asistentes, etc. en sus tiendas de comercio, corporaciones, fábricas y haciendas de azúcar y arroz. Pues, estos puestos de trabajo estaban antes dados a otros emigrantes chinos, muchos de ellos indocumentados, que venían por miles al año para asentarse en estas Islas, hasta de forma ilegal, económicamente marginando a la población indígena de Filipinas. La misma política de "Primero, el filipino" aceleró la asimilación de los nuevos emigrados chinos, los advenedizos, a la actual sociedad filipina, porque impuso una supervisión más estricta sobre lo que se explicaba en las casi trescientas escuelas chinas que operan dentro del territorio filipino.

Entre los presidentes filipinos, Don Carlos P. García, fue el que estudió la razón por la que los chinos advenedizos, crearon una "economía independiente" mediante el acaparamiento de la venta al por mayor y al por menor de toda clase de productos que, dentro y fuera de Filipinas, se fabricaban. Y la conclusión general que se daba es que esta "economía independiente" tendía a marginar económicamente al indígena, o al filipino de raíz malayo-indopolinesio, ahora denominado austronesio".

Desde principios de la época española, los chinos ya acaparaban, como cosa muy natural, todos los posibles negocios. Escribe el Obispo

Domingo de Salazar, protector español de los chinos de su tiempo:

> Háyanse en este Parián todos los oficiales de un oficio deter-
> minado como sastres, plateros, etc. de una República, y que
> producen cosas curiosas y baratas. Hay médicos y boticarios con
> rótulos en sus lenguas puestas en las boticas, bazares o tiendas,
> que declaran lo que en ellas se vende. Hay también bodegones
> donde acuden los españoles, sangleyes y naturales a comer. Los
> oficios mecánicos de los españoles han cesado todos, porque
> todos se visten y se calzan con los sangleyes por ser muy buenos
> en estos oficios al uso de España. Y, hacerlo todo muy barato.
> Nos abastecemos también de carne, de la que se cría en esta
> tierra: como puercos, venados, carabaos, que son los búfalos de
> Italia, y es tan buena carne como la de la vaca. Venden también
> muchas gallinas y huevos. Y hasta la leña partida se vende en el
> Parián. Y lo que más a esta ciudad tiene sustentada, es el pescado
> que estos sangleyes traen y venden.

A diferencia de los malayos, los chinos forman una asociación bancaria que les da un empréstito a cada individuo de su raza, algún capital, para abrir una tienda de *sari-sari* o de "chucherías" en cada esquina de cada barrio y municipio. Con el capital que acumulan, compran solares y tierras del país, y acaparan el negocio de bienes raíces, además de la venta del arroz, del pan, del trigo, del maíz y de vegetales.

Es ciertamente por eso que, mientras los chinos y sus mestizos tienen buenas casas y buenos coches, los indígenas de nuestros días viven en comunidades pobres, que ahora se llaman *squatters*. Y mientras tienen sus escuelas para enseñar el idioma chino, los filipinos no tienen escuelas donde se enseñe con prioridad el tagalo como idioma nacional, puesto que se impone, hasta ahora, el inglés, so pretexto de que es el vehículo del progreso. La realidad es que a pesar de cien años de inglés obligatorio, los filipinos siguen pobres en su propio país, y no pueden acumular el capital necesario para negociar, como lo hacen los chinos y sus mestizos.

La política del *Filipino First* del Presidente García alivió, de alguna manera, la pobreza del filipino indígena. Y para devolverles a los filipinos su sentido de unidad nacional, amen de dignidad, fue el Presidente García —puro malayo que era— el que tomó pasos decisivos para que se implementase debidamente la enseñanza del idioma español, tal como lo pedían las leyes de Magalona y Cuenco. En ello se adelantó a la política *bumiputera* de Malasia, demostrando el problema postcolonial existente en el Sudeste asiático.

10. DIOSDADO MACAPAGAL Y PAÑGAN (1910-1988)
El presidente idealista

Diosdado Macapagal y Pañgan es de pura estirpe indígena. Nació en el antiguo pueblo de Lubao, provincia de la Pampanga, cuya iglesia antigua es de admirar. Su padre fue Urbano Macapagal, hombre de pocos medios pero de grandes conocimientos de la tradición pampangueña. La Pampanga se llamaba "Nueva Castilla" durante los tiempos españoles, y siempre se distinguía por su lealtad a la Madre Patria. Los pampangueños tomaban muy en serio su condición de "súbditos españoles". Tan es así que siempre se decía: "donde hay tres pampangueños y un peninsular, allí hay cuatro españoles".

La madre del joven Diosdado se llamaba Romana Pañgan, mujer que, nos dicen, se ganaba la vida lavando ropa. Pero era letrada en su lengua. A la edad de cinco años le empezó a enseñar a su hijo a conocer el abecedario castellano y

Diosdado Macapagal.

silabear mediante el viejo catón en español que en aquellos tiempos se publicaba y se ponía al alcance de todos los que iban a misa cada domingo por la mañana.

Por eso, cuando Diosdado entró en la escuela elementaria de

su pueblo, Lubao, ya conocía las letras del alfabeto en español y pampangueño, y no le fue difícil traducirlos al inglés, que también lo aprendió a leer y a entender. Resultó el primero en todas sus clases de la elementaria. Se graduó con el honor de *valedictorian* del nivel elemental. En la secundaria, la *Pampanga High School* le graduó con el segundo honor de *salutatorian*.

Por estas distinciones escolares, Diosdado llamó la atención de un mecenas local, Don Honorio Ventura, alto empleado del gobierno de aquel tiempo como secretario del interior. Le ayudó a cursar la abogacía en la Universidad de Santo Tomás, donde se graduó con honores. Su erudición le llevó a completar el doctorado en Derecho Civil y un doctorado en Economía en la misma Universidad de Santo Tomás donde, por cierto, perfeccionó sus conocimientos tanto del idioma español como del idioma inglés.

De joven cortejaba a unas manileñas de habla española y les dedicaba versos de amor en castellano. Una de ellas fue Dolores "Lolita" Bayot, que luego se casó con el popular actor del cine filipino, también pampangueño, Rogelio de la Rosa. Ese matrimonio produjo a Rogelio, hijo, que se distinguió como un alto oficial de las aerolíneas filipinas, PAL.

Lo que ocurrió es que Diosdado se casó al fin con una hermana de Rogelio de la Rosa, su rival. Ella era Purita de la Rosa, con quién tuvo dos hijos, Arturo y Cielo. Pero Doña Purita falleció de una dolencia durante la ocupación japonesa, y el viudo Don Diosdado se volvió a casar con Evangelina Macaraeg, oriunda de la provincia de Pangasinán. De este segundo matrimonio nació Gloria Macapagal de Arroyo, la decimoquinta presidente de Filipinas. Es de notar que Doña Evangelina Macaraeg de Macapagal, como apunta su hija Gloria, dominaba muy bien el castellano. Es por eso, que el otro idioma del hogar del matrimonio Macapagal siempre fue el castellano.

En 1948 Don Diosdado fue asignado a ser el segundo secretario de la embajada Filipina en Washington D.C. En 1949, a sugerencia del entonces gobernador de la provincia de Pampanga, Don José Lingad, Don Diosdado presentó su candidatura como diputado del primer distrito de la Pampanga y ganó las elecciones. Fue reelegido dos veces más como diputado del mismo distrito provincial. Durante su incumbencia, fue nombrado representante filipino a la Asamblea General de las Naciones Unidas tres consecutivas veces. Su buen nombre y fama le llevó a ganar la vicepresidencia de Filipinas en 1957, y en 1951 ganó la presidencia de Filipinas en contra de Don Carlos P. García.

Filipinas seguía mejorando su economía, pero quedaba como una espada de Damocles la deuda extranjera a los mencionados bancos americanos. La presión por parte de consejeros usenses, y sus seguidores locales en la política como en el comercio, se hacía sentir de forma bien aguda. El Presidente Macapagal, el doctor en Economía que era, quiso verdaderamente estimular el desarrollo económico de Filipinas, pero fue persuadido, contra su propia voluntad, a hacer empréstitos a los referidos bancos. Era la única manera de encauzar ese desarrollo económico que él proyectaba con tanto afán.

Y es verdad que logró cierta medida de crecimiento y prosperidad para la nación, pero siempre quedaba por delante la deuda a los referidos bancos usenses. Para minimizar la pobreza en las zonas rurales, Don Diosdado escribió el Código de la Reforma Agraria Agrícola de 1963 y suprimió el viejo sistema de inquilinato agrario del país.

Mas, las reformas económicas que puso para bien del pueblo filipino, no bastaban para asegurar su progreso final. El pueblo filipino, para verdaderamente avanzar, también necesitaba inspirarse en su propia historia y en su propia identidad nacional. Pero el pueblo estaba extranjerizado. No se conocía a sí mismo. Despreciaba lo propio y admiraba lo norteamericano. Todo lo que prefería comprar tenía que venir de EE.UU. Para colmo, la inmensa mayoría del pueblo no era nada más que víctima incauta de un analfabetismo funcional por su educación en inglés obligatorio. Y la pobreza filipina aumentaba de día en día debido al *free trade* impuesto por el neocolonialismo.

El escritor Nick Joaquín nos señala muy claramente cómo se ha desarrollado la mentalidad colonial entre los filipinos en cuanto a productos americanos. Nos cita un ejemplo con los cigarrillos, que tanto dinero les costaba a los ordinarios filipinos. Escribe, en traducción nuestra:

> La nostalgia por los cigarrillos Piedmont que, tan solamente valían cuatro centavos el paquete, continúa hasta nuestros días a pesar de la desagradable lección de la guerra con el Japón cuando los que fumaban estaban muertos de hambre por cigarrillos en un país, como lo es el nuestro, que cultiva y produce tabaco en cantidad. Los japoneses quisieron despertarnos de nuestra mentalidad colonial frente a los EE.UU. cuando trataron de introducir el cultivo en Filipinas del tabaco "Virginia" echándonos así en cara el hecho de que los norteamericanos nunca alentaron el cultivo de este tipo de planta de tabaco en nuestras islas. Y es porque no querían que compitiéramos con sus cigarrillos como Piedmont y Chesterfield y Camel y otras marcas cigarreras, que comprábamos tan barato y libre de aranceles. ¿Por qué habíamos de fabricar nuestros propios cigarrillos si los cigarrillos americanos eran tan baratos y tan fáciles de adquirir? El problema es que no nos dábamos cuenta que no estábamos tan solamente empeñándonos el futuro, sino que estábamos desarrollando el conflicto cultural entre lo *local* y lo *blue seal,* entre lo *genuine* de EE.UU. y lo falso que supuestamente producíamos.

Ante esta realidad retratada por Nick Joaquín, Don Diosdado se dio cuenta de lo dañino que era para los filipinos su mentalidad colonial frente a los EE.UU., amén de su entorpecimiento intelectual e ideológico en cuanto a la historia y cultura de su propio país. Don Diosdado analizó el problema y no tardó en descubrir que el analfabetismo funcional, la ignorancia de la historia del país y la falta de un sentido de proteccionismo económico por parte del filipino de la calle, eran defectos a corregir tan pronto como fuera posible.

Macapagal comprendió que, en resumidas cuentas, el filipino educado en inglés tenía una mentalidad colonial frente a todo lo norteamericano que le hacía depender de todo lo ajeno. Y por esa mentalidad colonial, el filipino educado en inglés estaba incapacitado para resolverle sus problemas, tanto como individuos como nación. En ese caso, Don Diosdado, sin tomar ninguna posición en contra del dañino uso obligatorio del idioma inglés por encima de las lenguas nativas en las escuelas elementales de su país, recordó la eficacia del viejo catón español que su madre usaba para alfabetizarle en su infancia. Por eso desoyó toda protesta callejera en contra de la enseñanza del español en colegios y universidades de Filipinas. En cambió, apoyó abiertamente las leyes Magalona y Cuenco de enseñanza del español, porque pensaba que de alguna forma, la educación del filipino mejoraría si también adquiría nociones de este idioma.

En cierta ocasión Macapagal dijo lo siguiente sobre el idioma castellano en Filipinas, que se recoge en la página 16 de libro *Discursos de Malolos y poesías filipinas* en Español, edición de 1963:

> Yo os aseguro, filipinos, como Presidente de vuestro país que, como yo siento a España en mi corazón, procuraré que todos los filipinos de esta y de futuras generaciones, sientan a España como digna Madre Patria. De manera especial he observado el gran interés que muestran los españoles por el fortalecimiento de los lazos hispanofilipinos, mediante la intensificación del uso del español en Filipinas. Por mi parte, aprobaré [la creación por ley] del Instituto de Lengua Castellana en el Departamento de Educación aquí en Manila.

Además de apoyar la enseñanza del idioma español, Don Diosdado volvió la mirada a la primera República de Filipinas de 1896 y 1898 que se había independizado de España el 12 de junio de 1898, y que tenía por idioma oficial el castellano. Entonces pensó que para devolverle al pueblo filipino su sentido de nacionalidad, se tendría que restaurar el 12 de junio como el día de la independencia filipina. Y así lo hizo.

Tras esa restauración, emprendió una visita oficial a España y fue recibido tan gloriosamente como se le recibió al Presidente Quirino. Don Diosdado afirmó la hispanidad filipina en varios escritos suyos. Los siguientes alejandrinos recogen el júbilo popular que se sintió entre los filipinos de habla hispana, en unos versos compuestos por un servidor con título "Antena de la patria", y que él muy agradecidamente reconoció:

La voz de los Rajás en ti resuena bélica.
El genio de los Cides aureola tus actos.
Patriota. Defensor de mi patria famélica.
Paladín de la Historia. Prez de prístinos pactos.

Cual volcánica fuente surgiste al patrio trono,
al pueblo depurando de exotismos y vicios...
De la nociva influencia que incita el abandono
De nuestros sacros fueros y patrios epinicios.

La noble integridad de tu altivez malaya
te gloria proclamándote descendiente directo
de los grandes que alzaron la impávida atalaya
donde ondean los nombres de Bonifacio y Recto.
Hoy sorbes, por patriota, del cáliz del martirio.
Y te amaga, por poeta, la sombra del cadalso.
Desprecia al que te ladre con encono y delirio,
al traidor y cobarde, al hipócrita y falso.

Si Incomprensión condena tu hidalga ejecutoria;
Si Envidia te maldice, Si Farsa te censura,
no olvides que en la abierta página de la Historia
Hoy estás cual patricio que enaltece y depura.

Que ululen los lacayos del nuevo coloniaje;
Que nieguen tus lauros las aves de rapiña;
Mas, ¡adelante! Poeta de acérrimo coraje...
¿qué importa el huracán de una excéntrica riña?

Tu peregrinación a la vetusta tierra
que nos vació su ser, su semilla y rosal,
es un renacer glorioso; un símbolo que aterra
al vil que darnos quiere su infamia y su dogal.
Docto restaurador de nuestra independencia,
con el doce de junio nos diste honra y renombre.

Y, por ello, la Historia, la nativa consciencia,
guarda en su alma tu imagen y bendice tu nombre.

Antena de la Patria. Bravo Macapagal.
Tú que vas encontrando la actitud pusilánime
de este pueblo embaucado, ten por lanza inmortal,
de nuestros grandes héroes, la voz y el voto unánime.
Y es que los Rajás te dan su genio bélico.
Los Rectos y los Cides en ti rehacen sus pactos.
Surges, para cumplir el destino pentélico,
De esta patria forjada por castellanos actos.

Únase a tu misión el ardor del asceta.
Únase a tu saber el genio filipino.
Únase a tu esplendor el cántico del poeta.
Y, únase a tu existencia
¡la Patria y su destino!

Los logros económicos de la presidencia de Macapagal no parecieron complacer a los prestamistas americanos. Éstos querían a un presidente filipino que endeudase más y más a su pueblo, y no a un presidente que eficiente y sabio en el campo de las economías, lo rescatese de su endeudamiento. Éstos tampoco querían a un presidente que endereciese la historia de su país, restaurando su verdadero día de la independencia. Es seguramente por eso que los prestamistas usenses no le apoyaron al Presidente Macapagal cuando se presentó para la reelección. Apoyaron a Ferdinand E. Marcos porque no era católico, no hablaba español y, lo más importante, estaba dispuesto a hacer todos los empréstitos que los bancos americanos le sugiriesen.

El grito de guerra empleado por Marcos en contra de Don Diosdado fue *¡Alis diyan!* ("¡Márchate de aquí!"). Y con el apoyo de los neocolonialistas *wasp* en favor de Marcos, el Presidente Macapagal perdió la reelección en 1965.

Al bajar del palacio presidencial, Don Diosdado y su señora, Doña Evangelina, hicieron un viaje de amistad por casi todos los países de centro y sur de América, donde fueron recibidos por los presidentes iberoamericanos como hermanos. Ese viaje de afecto para Iberoamérica nos lo cuenta en un bonito libro que luego publicó en Manila.

Se retiró de la vida pública y se dedicó a escribir varios libros. Cuando el Presidente Marcos organizó la Convención Constituyente de 1971, Don Diosdado fue elegido delegado a dicha convención. Al reunirse los delegados, le eligieron presidente de aquella Convención Constituyente de 1971 hasta 1973. Falleció Don Diosdado el 21 de abril de 1997. Hasta ahora se le recuerda como "el incorruptible" por su alto sentido de honradez y delicadeza.

11. FERDINAND EMMANUEL MARCOS Y EDRALÍN (1917-1989)
El que quiso la independencia económica de Filipinas

El intervencionismo norteamericano en Filipinas ya debiera de haber estado bien fatigado con presidentes filipinos de habla y cultura españolas. Pues estos presidentes filipinos, aunque les escuchaban y hasta les seguían lo que les aconsejaban los referidos intervencionistas, tenían, en muchas ocasiones, la independencia de, cortésmente, discrepar de sus dictados. Resultaban ser unos "criados respondones" que tenían el coraje de no acatar todo lo que se les ordenaba. Eran algo díscolos, como la generalidad de los iberoamericanos. Y esa vena hispana ya les empezaba a molestar de forma intolerable a los entrometidos *wasp*. Orgullosos de su poder, los estadounidenses querían a "criados sumisos" que siempre les dijeran *Yes, Sir*. Y así se dice en tagalo *mga tuta ng Kanô*, que literalmente en castellano quiere decir "perros de los americanos".

Ferdinand E. Marcos.

Y es por eso que cuando le concedieron la presidencia a Ferdinand E. Marcos, los intervencionistas se pusieron muy contentos. Encontraron un *boy* muy suyo. Un *Amboy* como se suele decir entre las masas isleñas. Al fin toparon con un político filipino que no hablaba español y que no era católico. Y no solamente toparon con esas dos calificaciones, a manera de *bonus* todavía tenían a un filipino pro-americano, de la cabeza a los pies, y que siempre estaba muy dispuesto a decirles con una sonrisa brillante: —*Yes, Sir! You are the boss, Sir!*

A los políticos y escritores gringos les encantaba además las aventuras de Ferdinand E. Marcos porque les recordaba la cultura de su *Wild West* y sus *gangsters* al estilo de Al Capone. Además, Marcos era el primer presidente con un primer nombre americano, "Ferdinand", y ese detalle les agradaba sobremanera, pues ya no tenían que contender con presidentes filipinos cuyos nombres y apellidos puramente españoles, que tanto les costaba pronunciar. No sabían, desde luego, que la madre de "Ferdinand", Doña Josefa Edralín, hablaba español y que, a pesar de ser de la Iglesia Filipina Independiente, o Aglipayana, había sido también bautizada católica.

Doña Josefa era, obviamente, una mestiza de chino, que descendía de viejos chinos cristianos de Ilocos Norte. Si Doña Josefa se hizo protestante aglipayana, era por razones "revolucionarias" contra los frailes católicos de la época de sus padres y, posiblemente, le convenía serlo para que se le favoreciese con el título de *teacher* educada por los misioneros *Thomasites* de EE.UU. Pero, a pesar del entrenamiento en inglés, Doña Josefa terminó siendo maestra de la *Malate Catholic School* de Manila, donde tendría que hablar español, puesto que este arrabal estaba compuesto de residentes de habla española durante los años 30 y 40.

Pero antes de venir a Malate, Manila, Doña Josefa vivía en Batac, pueblo cerca de Laoag, la capital provincial de Ilocos Norte. En una modesta, pero amplia casa, residía allí con su esposo, Mariano Marcos que, en 1935, se había presentado como candidato para la Asamblea Filipina. Aconteció que Don Mariano Marcos, antiguo abogado de provincias educado más bien en español, resultó derrotado en aquellas elecciones por segunda vez. Y su contrincante, Julio Nalundasan, para burlarse de él, organizó una procesión funeral con un ataúd puesto sobre una carroza que llevaba el nombre del derrotado Don Mariano. Y esa procesión funeral, muy adredemente pasó delante de la casa de los Marcos, deteniéndose ante su entrada, con abucheos para agravar más aun la ofensa.

No tardó mucho y el victorioso representante Julio Nalundasan fue muerto a tiro de rifle en su casa, mientras se cepillaba los dientes sobre una ventana que daba a la Calle Real de su pueblo. Había terminado de cenar y se había ido a esa ventana que daba a dicha calle para cepillarse los dientes y fue cuando, de un tiro en el pecho, cayó muerto soltando el vaso de agua y el cepillo que tenía en las manos. La muerte de Nalundasan fue en 1935, y tres años después, el joven Ferdinand, estudiante de abogacía de la Universidad de Filipinas (UP) en la ciudad Quézon, fue arrestado, juntamente con su padre, Don Mariano, su tío Pío, y su primo Felizardo, por el asesinato de Nalundasan. Según testigos declarantes, los cuatro arrestados habían conspirado para asesinarle al tal Julio. La querella contra los Marcos tomó su curso y en enero de 1939, la Corte de Primera Instancia, tras probar que el joven Marcos era el que le pegó el tiro al Representante Nalundasan, con un rifle supuestamente robado de la artillería de la UP, con ayuda de Felizardo, les sentenció a los dos a muerte, mientras que Don Mariano y su hermano Pío fueron tan solamente multados por rebeldía judicial. La sentencia de muerte fue inmediatamente apelada al Tribunal Supremo de Filipinas por la familia Marcos.

Lo admirable es que el joven Ferdinand Marcos, ya encarcelado, aun continuaba con sus estudios de derecho, y se graduó *cum laude* en abogacía. Pidió ser su propio abogado, y desde su celda escribió su propia defensa de 800 páginas de forma brillante. Tanto impresionó al Tribunal Supremo dicha defensa, con sus alegatos y pruebas, que el Magistrado José P. Laurel, jefe entonces de dicho Tribunal, le exoneró, diciendo que Marcos era un genio en derecho civil y en derecho criminal.

Pero aun de estudiante de la UP, el joven Marcos ya se había distinguido como un buen atleta y un intelectual de primera fuerza. Obtuvo los grados más altos en el examen oficial para abogados.

Durante la Segunda Guerra Mundial Marcos también se distinguió por su heroísmo. Fue un combatiente oficial de inteligencia de la Vigésima Primera División de Infantería. En 1942 luchó durante tres meses en la batalla por Bataan y fue uno de los víctimas de la "Marcha de la Muerte" organizada por el ejército japonés que le había capturado. Aunque luego pudo escaparse, Ferdinand fue otra vez capturado y encarcelado en el Fuerte Santiago de Intramuros, Manila, de donde, una vez más, se pudo fugar para juntarse al movimiento guerrillero contra el ya referido ejército japonés. De hecho, se hizo un excelente líder guerrillero, y se le recuerda por su heroísmo en la batalla del Paso Besa (Besang Pass). Fue una batalla significativa entre los japoneses y una combinada tropa de soldados usenses y filipinos. Después de la guerra en 1945, Marcos aparece fotografiado con muchas condecoraciones militares en el pecho. Fue otorgado un *Distinguished Service Cross*, un *Bronze Star* y un *Purple Heart*. En breve, fue altamente condecorado por su heroísmo como cabeza de un batallón denominado «Maharlika» de la guerrilla filipina que mucho contribuyó a la derrota del ejército japonés en Luzón.

En fin, Marcos, que nació el 11 de septiembre de 1917, tras haber sido diputado (1949-1959) y senador (1959-1964), fue elegido presidente de Filipinas en 1965, derrotando al Presidente Macapagal. Los americanos le tuvieron como la culminación de su "cultura y empresa" en Filipinas. Y el muy pro-usense de Ferdinand hizo el consabido empréstito a los bancos, tal como le dictaban sus amos de allende el océano Pacífico. Llegó a endeudar a Filipinas con dichos bancos a razón de no menos de diez mil millones, o diez billones, de dólares (US$10 billion) que, con intereses sobre intereses, llegó a más de cincuenta billones de dólares a la postre.

Para complacer a sus amos americanos y a los despistados estudiantes activistas, decretó la reducción a la mitad de las horas de enseñanza adjudicadas al idioma español en el nivel universitario. Las 24 unidades provistas por la Ley Cuenco del español, se redujeron a solamente 12 unidades.

En 1969 fue reelegido, muy democráticamente, como presidente de Filipinas para otros cuatro años más, pero poco antes de concluir con esta su segunda tenencia presidencial, se dio cuenta del deterioro que aquejaba a la sociedad filipina. La prensa sensacionalista le atacaba por la corrupción que supuestamente caracterizaba su gobierno. Pero, por otro lado, Marcos también veía la misma corrupción, agravada por la torpeza y la total ignorancia, en casi todos los sectores del pueblo filipino. Además de la ya podrida sociedad filipina, deteriorada por su exagerada americanización y extranjerización, también estaba el movimiento comunista inspirada por las enseñanzas del fundador de la vecina China comunista, Mau-Sedung. Los comunistas filipinos, contando con subvenciones de la China continental y hasta de la Rusia soviética, lograron organizar, dentro del territorio filipino, su propio ejército (*New People's Army* o NPA) y su propio gobierno que cobraba, a filo de bayonetas, impuestos de los campesinos y los filipinos corrientes, supuestamente abandonados por el capitalismo.

Por otro lado, los moros de Joló y Cotabato en Mindanao, también se habían movilizado militarme para separarse del resto del país. Ante estos problemas nacionales, Marcos —agobiado además por las cobranzas con grandes intereses de los bancos usenses—, consultó con altos políticos americanos si podía declarar e imponer la ley marcial sobre todas las islas.

Marcos arguyó que, para pagar las deudas a los bancos, era necesario que en Filipinas se estableciera la disciplina y el orden mediante una estricta ley marcial. Los acreedores inmediatamente se pusieron de acuerdo con el Presidente Marcos y le dijeron que tenía todo su apoyo en el nuevo paso que iba a dar. Y en efecto, tras decretar una convención constituyente que escribiera una nueva ley orgánica para Filipinas, Marcos declaró la imposición de la ley marcial (*martial law*) el 21 de septiembre de 1972. Mandó cerrar periódicos y estaciones de radio y televisión, y nadie de entre los estudiantes "activistas", tan supuestamente valientes en organizar mítines en contra de "las veinticuatro unidades de español" y de la "subida de las matrículas escolares", se atrevió a salir a la calle para protestar en contra de la declaración e imposición de la ley marcial. Todos se callaron y se escondieron de miedo. Todos obedecieron sumisamente las órdenes que se les daba y abanderaban como suyo los eslóganes del mismo Marcos: *Sa ika-unlad ng bayan, disciplina ang kailañgan*, "el desarrollo del país necesita de la disciplina".

Para destruir la muy influyente industria de las drogas prohibidas, Marcos mandó fusilar públicamente al *drug lord* chino más poderoso, Lim Seng. La venta de las drogas prohibidas inmediatamente registraron un paro, de súbito. El crimen, en general, disminuyó grandemente cuando al imponer un estricto toque de queda (*curfew*). Todo el mundo se retiraba a sus respectivas casas antes de las doce de la media noche. Los que desobedecían quedaban detenidos y eran multados.

Sin los "estorbos democráticos" que usualmente impiden la construcción de una infraestructura nacional, el Presidente Marcos mandó, y logró, construir nuevos puertos, aeropuertos, caminos y puentes en todas las islas. Su esposa Imelda, como gobernadora de Metro Manila, levantó hoteles y hospitales, además del Centro Cultural de Filipinas. Las artes bajo el mecenazgo de Ferdinand e Imelda Marcos registraron sorprendentes adelantos. Hasta la indisciplina que antes reinaba en las escuelas públicas disminuyeron. Todos andaban con "pies de plomo".

Desde su encumbrado puesto, Marcos estudió la historia isleña y descubrió el valor que tenía la aportación española en el desarrollo de la nacionalidad filipina. Alabó repetidamente la organización del municipio filipino por España. Mandó restaurar Intramuros, la Manila originaria, y ordenó la preservación y el cuidado de viejas fortalezas españolas, como la de San Antonio Abad en Malate, y puentes e iglesias antiguas. Al casarse con Imelda Romuáldez, Ferdinand se hizo católico y aprendió a hablar el idioma español con Imelda, que ya lo entendía, porque el castellano era el idioma de la prominente familia de los Romuáldez. El padre de Imelda, Don Orestes, era un abogado educado en español. Y su tío, el Magistrado

Don Norberto Romuáldez, fue autor de obras de notable erudición y fue miembro de la Academia Filipina correspondiente de la RAE. Este retorno a las raíces hispanas de Filipinas fue un detalle que sorprendió, y preocupó, a sus amos americanos.

Marcos se dio cuenta además que casi toda la riqueza de Filipinas terminaba en manos estadounidenses. Por cada dólar que el americano invertía en Filipinas, se llevaba veinticinco como pura ganancia utilitaria. Además de la deuda extranjera, el imperio de las gasolineras Shell y Caltex determinaban los precios del alimento y de casi todas las cosas de primera necesidad en Filipinas. Marcos también se dio cuenta que las gasolineras subían y bajaban, a su gusto y placer, el precio de la gasolina y el gas para la cocina. Como la electricidad en Filipinas se genera a fuerza de la gasolina vendida por estas dos empresas anglosajonas, el precio a pagar por parte de millones de filipinos, por cada kilovatio utilizado, venía a ser excesivo. De hecho, al presente (2009) la gasolina en Filipinas es la más cara en todo el Sudeste de Asia.

Entonces, para competir con Caltex y Shell, Marcos fundó su propia compañía gasolinera, Petrón, e importaba directamente de los países árabes la gasolina que vendía. Cuando por alguna razón utilitaria, o política, Caltex y Shell subían el precio por litro de su gasolina, Petrón no subía el suyo. De esa forma, toda la transportación se vino a acostumbrar a comprar su gasolina de Petrón ignorándoles a las dos transnacionales. Esta situación les empezaba a irritar a los dueños de Caltex y Shell convirtiéndose en virtuales enemigos de Marcos y de su gobierno.

El imperialismo económico de los *wasp* sobre Filipinas también se hacía sentir mediante su férula sobre la electricidad que se vendía al pueblo y a todas las empresas comerciales de las islas a precios bien altos. La Manila Eléctrica, luego la *Manila Electric Company* o la Meralco, controlada por la familia López de Iloílo y Manila, tenía el monopolio de la distribución de la electricidad como una utilidad pública. A la cabeza de la Meralco se encontraban los hermanos Don Eugenio y Don Fernando López, vástagos de una familia de origen chino cristiano, de habla española, y muy rica en tierras agrícolas y urbanas desde los tiempos españoles. A la llegada de los invasores americanos, empezaron a sajonizarse hasta lograr el dominio de la Meralco, una compañía incorporada por un militar norteamericano.

Mientras Don Eugenio López era el genio industrial, su hermano Fernando era político. Don Fernando llegó a ser senador de la República y más tarde vicepresidente del país. De hecho, cuando Marcos fue reelegido presidente en 1969, su vicepresidente fue Don Fernando López. Además de la Meralco, Don Eugenio López controlaba buena parte de la radio, la televisión y la prensa escrita de Filipinas, por lo que podía influir y controlar el pensamiento popular. Durante las elecciones, estos medios de divulgación popular lograban dar la victoria electoral, o la derrota, a los que se presentaban como candidatos para puestos nacionales, como el de presidente, vicepresidente, o senador, y puestos regionales o de distrito como los de diputados de la Cámara de Representantes, o como los de alcaldes citadinos o gobernadores de provincia. En breve, el clan de los López era poderoso en el ámbito político tanto como en el industrial y comercial. Y el clan de los López era un aparcero del explotador neocolonialismo sobre Filipinas.

No tardó mucho, y los intereses de Marcos y los de los López chocaron frontalmente. El Presidente Marcos se veía frecuentemente atacado por los medios de los López. Como una reacción a esos ataques ya virulentos, Ferdinand confiscó en nombre de su gobierno la Meralco, y bajó los precios de la electricidad, hecho que la generalidad del pueblo esquilmado celebró con alabanzas a Marcos.

Y Marcos declaró que, mientras la electricidad fuera costosa, la industrialización de Filipinas nunca podría lograrse. Pero como la generación de la electricidad dependía de turbinas consumidoras de la gasolina que se compraba del cartel petrolero internacional controlado por los americanos, el precio de la electricidad nunca podía ponerse al alcance de todos los filipinos que querían establecer alguna industria competitiva. Entonces decidió levantar una planta nuclear en la cercana provincia de Bataan para que el país no dependiese de la gasolina para generar la electricidad que necesitaba. Los americanos no protestaron. Se pusieron de acuerdo con el inesperado proyecto. Y el Presidente Marcos, como cosa muy natural y sin pensar que una transnacional usense pudiera sabotearle el proyecto, pidió, de hecho, a una compañía de Estados Unidos, Westinghouse, que le levantara la planta nuclear. Y es donde se equivocó, porque la planta nuclear que le hicieron adolecía, y adolece, de muchos defectos, a pesar de haber costado tanto al erario público filipino, hundiéndolo más aun con más empréstitos de los bancos usenses.

La economía filipina, a pesar del neocolonialismo demoledor, registró adelantos y el gobierno de Marcos decidió quitar de las manos del neocolonizador sus relaciones extranjeras. La política exterior de Filipinas, particularmente en la época denominada "Guerra Fría", estaba dictada por el Departamento de Estado en Washington D.C. Filipinas no podía tener relaciones diplomáticas con la China comunista, ni con la Rusia soviética, ni con la Libia de Gadafi, ni con la Cuba de Fidel Castro, porque Estados Unidos los consideraba sus enemigos. Marcos, de una plumada, cambió esa dependencia de EE.UU. Le asignó a su mujer, Imelda, que actuase como su embajadora en estos países, ya que no se podía fiar, del todo, de sus propios ministros y empleados en asuntos exteriores, porque éstos, casi todos educados en inglés, tenían la proclividad de ser más leales a EE.UU. que a Filipinas.

Su señora, la primera dama de Filipinas, Imelda Romuáldez de Marcos, era una mujer de muy buen gusto y de alta cultura. Se complementaba casi a la perfección con la clarividencia como la astucia de su marido. Ella, con uno de los aviones de la *Philippine Airlines*, empezó a viajar a varios países con un séquito impresionante. Se fue a China y le llamo "Papá" a Mau-Sedung brindándole todas las reverencias de una hija oriental para con su padre chino. Y este comportamiento tanto le impresionó al presidente chino, que la recibió como una hija en Pekín. En resumidas cuentas, Imelda consiguió que la China comunista dejara de subvencionar a los comunistas filipinos, dándoles de hecho un terrible golpe logístico. Y al retirarse a Manila, trajo para la gasolinera de su esposo, Petrón, petróleo chino sin refinar pero que, a la larga, se pudiera utilizar.

Imelda con su usual séquito estableció relaciones diplomáticas con la Rusia soviética empezando un intercambio comercial con ese enorme estado. Para dar una solución al problema moro de Filipinas, Imelda le visitó al dictador libio, Gadafi, que, a la larga, la recibió cortésmente. Con esa visita, el gobierno filipino de Marcos firmó un acuerdo con Libia por el que también dejó de subvencionar a los rebeldes moros de Mindanao. Se creó una región autónoma para los moros alzados en armas bajo la bandera de la MNLF o *Moro National Liberation Front*, "Frente Moro de Liberación Nacional". El líder de los rebeldes moros, Nur Misuari, firmó la paz con Manila bajo el padrinazgo de Gadafi («*The Tripoli Agreement*») y fue elegido gobernador de esta región autónoma para los moros filipinos.

Lo que ocurrió, sin embargo, es que otra facción rebelde de moros, la MILF o la *Moro Islamic Liberation Front* también se alzó en armas y demandó que se les entregase a ellos una región, igualmente autónoma, que no solamente incluyera el territorio ya dado a la MNLF sino que todavía se les diese otros territorios más de la gran isla de Mindanao. La MILF es la que ahora está en guerra campal con el ejército filipino en Cotabato y en otras partes de Mindanao oriental.

Desde luego que con el mencionado «*The Trípoli Agreement*» una medida de paz se consiguió para Mindanao durante el régimen de Marcos. Pero, a la postre, la cabeza del MNLF, Nur Misuari, no quiso acatar ciertas cláusulas del acuerdo. Con el surgimiento de Hashim Salamat y el MILF, el terrorismo volvió a la escena cotidiana. Y Marcos los mandó perseguir de forma tan acabada que Nur Misuari huyó de Filipinas mientras que Hashim Salamat tuvo que esconderse.

En la parte cultural, Marcos estableció "la semana hispánica" que se celebraba con un seminario hispanofilipino, el cual culminaba en un concurso de conocimientos hispánicos. Seguía la campaña en contra de la enseñanza de doce unidades de español, pero Marcos les ignoraba. De hecho, expidió un decreto presidencial declarando al idioma español como lengua oficial, mientras quedasen en archivo los documentos judiciales que aun no se habían traducido al inglés o al tagalo.

Pero los enemigos de una Filipinas que fuese independiente económicamente y en sus relaciones internacionales no dormían. La prensa usense, siguiendo el usual intervencionismo de sus mandamases *wasp*, empezó a atacar internacionalmente al presidente Marcos y su gobierno calificándole de dictador. Se olvidaban, desde luego, que si Marcos era de hecho dictador, había sido por culpa del neocolonialismo en Filipinas. Pero cuando vieron que Marcos ya pensaba y decidía sin sus dictados, se le tenía que deponer según la agenda de Washington D.C.

Al terminar Marcos su último término presidencial según la constitución filipina de 1973, tendrían que celebrarse elecciones presidenciales. Se presentó un contrincante, el Senador Benigno "Ninoy" Aquino, a pesar de haberse éste auto-exilado a EE.UU. con consentimiento del mismo Marcos por alegadas razones de salud. El Senador Benigno Aquino, hijo, o Ninoy Aquino II como también se le llama, fue vástago de una familia de políticos, casado con la multimillonaria Corazón Cojuangco y Sumúlong, que, a su vez, era también de una familia de políticos tagalos (de Antipolo, provincia de Rizal) y pampangueños (de la provincia de Tarlac). De hecho, el Senador Aquino fue encarcelado por Marcos porque había sido autor, según luego escribió el Senador Jovito Salonga en un libro sobre sus memorias, de la famosa "Masacre de la Plaza Miranda de Quiapo", donde los candidatos al senado del partido político del mismo Ninoy Aquino resultaron heridos, y hasta muertos, por unas bombas previamente colocadas en la tribuna de dicha Plaza Miranda de Quiapo, donde estaban sentados.

El Senador Aquino también estaba acusado de proteger a los comunistas del país, bajo un tal "Commander Dante", y un bando suelto de bandoleros que se llamaban Monkees que aterrorizaban a la provincia de Tarlac. Este terrorismo forzó a la vieja Tabacalera, o la Cia, General de Tabacos de Filipinas, a vender malbaratadamente a los Cojuangco dicha Hacienda Luisita que, al unirse a las tierras públicas previamente adquiridas por concesión por el entonces Diputado José Cojuangco de la Asamblea Filipina, se convirtió en la actual Hacienda Luisita de casi siete mil hectáreas, el latifundio actual más grande que se encuentra en la Isla de Luzón. Fue en dicha hacienda Luisita donde Benigno Aquino reorganizó al Partido Comunista de Filipinas encaudillando su activo ejército de combatientes denominado NPA (*New People's Army*) según los cargos presentados contra él por el tribunal militar del Ejército Filipino que lo mandó arrestar y encarcelar por alta traición.

Pero mientras estaba encarcelado, de forma muy suave ya que contaba con todos los lujos dentro de su celda, dicho Senador Aquino padeció un infarto, por el que Marcos, en un acto de magnanimidad, le permitió que saliera de la cárcel y se fuese a EE.UU. con su esposa, Corazón, e hijos, para que conocidos médicos especialistas americanos le atendiesen. Los intervencionistas norteamericanos, por solamente llevarle la contra al Presidente Marcos, mostraban favorecerle y hasta protegerle al acusado de suversion comunista.

En resumidas cuentas al detenido Senador Aquino, partió de Filipinas con la promesa de no atacarle al que le dio el permiso para curarse en EE.UU. Como todos sabemos, Aquino no cumplió con esta promesa dada a Marcos de forma solemne. A través de la prensa y la televisión americanas, el Senador Aquino empezó a atacarle a Ferdinand y a Imelda Marcos y a todos los que componían su gobierno. Tras dichos ataques, todavía anunció que volvería a Filipinas para reclamar de Marcos la presidencia del país como si los cargos militares no existiesen. El Presidente Marcos, ya enfermo de lupus, envió a Imelda para que se entrevistase con Aquino en EE.UU. porque bien vislumbraba el juego político que le armaban los intervencionistas úsense. Imelda, armándose de paciencia, consiguió entrevistarse amigablemente con el Ninoy y le dijo que no volviese a Manila, porque "gente más ponderosa que nosotros tenía planes en marcha para asesinarle y echar la culpa al Presidente Marcos". Pero el Senador Ninoy Aquino, muy altaneamente le dijo que él regresaría a Manila. Ante esa soberbia terquedad, Marcos mandó cancelarle el pasaporte al Senador Aquino con la esperanza de que, sin nada de pasaporte, que no pudiera salir de EE.UU.

Pero Aquino ya se había entendido con los altos cargos americanos, y había logrado adquirir un pasaporte falso bajo el nombre de Marcial Bonifacio. Le dieron un avión fletado de la *China Airlines* lleno de periodistas occidentales y japoneses, y le dieron todas las facilidades para que sin ningún obstáculo, tranquilamente, pasase aduanas y libremente despegase su avión chino de un aeropuerto de EE.UU. para llevarle de vuelta a Manila.

En el último video del Senador Aquino dentro del avión chino que aterrizó en el aeropuerto internacional de Manila, en pleno mediodía, del 21 de agosto de 1983, él declara que tiene puesta una camisa a prueba de balas, pero que si le daban el tiro en la cabeza, que por cierto moriría (*"I am wearing a bulletproof vest, but if they shoot me in the head, I am a goner"*).

Esta declaración por boca del mismo Ninoy revela que él ya sabía de antemano que alguien le iba a pegar un tiro al bajar del avión. Pero, posiblemente pensaría que ese alguien le daría el tiro por las espaldas. Y, como tiene puesta la camisa a prueba de bala, saldría ileso. Así que ya se había fraguado, con el conocimiento del mismo Ninoy, el plan de pegarle un tiro al bajar del avión. Y el que fue empleado para hacer esa faena fue el desgraciado de Rolando Galmán el cual, al llegar el avión chino de Ninoy al aeropuerto de Manila, ya estaba muerto sobre el *tarmac* de dicho aeropuerto. Es por eso que cuando ya entraron tres militares filipinos para recogerle del avión al senador, su rostro, tal como lo capta el vídeo al que aludimos, registró el miedo que antes no demostraba. Y de hecho, al bajar las escaleras del avión, le pegaron el tiro en la nuca. Ninoy Aquino, al caer muerto, fue puesto junto a Rolando Galmán, en un *van* o coche militar que lo llevó fuera del aeropuerto internacional, en pleno mediodía y sin reparos.

Desde luego que la culpa de asesinato tan burdo, en pleno mediodía y en pleno aeropuerto internacional de Manila, fue echado encima de la cabeza del Presidente Marcos, su primera dama Imelda y su jefe de estado mayor, el Gral. Fabián Ver. Terminada la euforia que se levantó en el incauto pueblo filipino, la cual terminó con el mando del Presidente Marcos y la ascensión de la viuda del Senador Aquino, Corazón, como presidenta "revolucionaria" de Filipinas, hasta la fecha (año 2020) no se sabe, a pesar de tantos ejercicios judiciales, testimonios y supuestas pruebas presentadas, quién es, o quiénes son, los verdaderos cabezas pensantes del asesinato del Senador Aquino.

Ni Corazón Cojuangco, viuda de Ninoy Aquino, presidenta de Filipinas por seis años, ha logrado determinar contundentemente quién, de hecho, mandó matar a su marido en pleno aeropuerto internacional de Manila y en pleno mediodía. Lo fácil es culparle a Marcos, pero el pueblo filipino ya no cree esa acusación. Cuando se verificó el asesinato, Marcos estaba convaleciente tras una operación quirúrgica de los riñones. Y todos saben que Marcos, un hombre listísimo y astuto, jamás cometería un error tan político, y tan estúpido, que él bien sabía terminaría con él personalmente, amén de su gobierno. No son pocos los que apuntan el dedo a la Agencia de Inteligencia Central de Estados Unidos (la CIA), como la verdadera cabeza pensante de asesinato tan burdo y tan cruel. No es en vano que se les acuse del asesinato del mismo Presidente Kennedy de EE.UU. En comparación, el ambicioso Senador Ninoy Aquino no pasaba más allá de ser un político en un estado neocolonial y vasallo como Filipinas. Pero el mero hecho de que se le asesinase de forma tan burda al Senador Aquino, le tratan de héroe de Filipinas, víctima del neocolonialismo *wasp* que incluye al gobierno de Marcos..

Y Marcos, tras aquel asesinato que se atribuía a él y a su gente, se debilitó políticamente. Los neocolonialistas, fingiendo ser democráticos, pidieron que se celebrasen elecciones presidenciales de súbito (lo que se conoce como *snap election*). El neocolonialismo señaló de candidata a Corazón Aquino, la cual se presentó ante el pueblo filipino como una pobre agraviada por la dictadura de Marcos. Ferdinand, enfermo y todo, acudía a los mítines de avance políticos, y sus seguidores le aplaudían. Cuando se contaron los votos, el que fue elegido presidente fue Marcos.

Desde luego que se alegaron fraudes electorales. Se organizó la supuesta revolución EDSA. Una encabezada por el primo del mismo Marcos, Gral. Fidel Ramos, y su anterior mano derecha, Juan Ponce Enrile (hoy senador de la República), personajes conocidos por su capacidad camaleónica. El Cardenal Jaime L. Sin, Arzobispo de Manila, llamó a los católicos que se fuesen a la avenida de circunvalación de Metro Manila, la avenida Epifanio de los Santos, conocida como EDSA, para que los tanques y los soldados de Marcos no lograsen capturarles a los "rebeldes" Juan Ponce Enrile y Fidel Ramos en el Campo Crame. El Gral. Fabián Ver pidió a Marcos que se abriese fuego contra los que se concentraron en EDSA, pero Marcos le dijo que no. Que él no mataría a su propio pueblo. Mientras tanto, Cory se recluyó en un convento de Monjas en Cebú.

Cory fue traída luego a Manila para tomar posesión de la presidencia del país, aunque una cuenta de los votos echados bien podría revelar que, de hecho, perdió las elecciones *snap*, ya que Marcos con más votos que ella, se había inaugurado como presidente del país tras esas mismas elecciones.

Para echarle a Marcos del palacio presidencial de Malacañan, el bando de Cory Aquino organizó un asalto a dicho palacio presidencial, para agarrar al enfermo Marcos y a su familia. Ante el caos, unos helicópteros americanos de la base militar de *Clark Air Base* en la cercana Pampanga, vinieron para "salvarles" a los Marcos de la turba alzada, llevándoles a Hawái, donde unos años después fallecería el Presidente Marcos.

Tras un tiempo, su viuda Imelda quiso traer de vuelta su cadáver, para que tuviera su sepultura final en el cementerio de los *bayani* ("héroes"), pero la Presidenta Aquino impidió que se le diera sepultura a su antecesor en dicho cementerio oficial. Entonces, Imelda mandó construir un mausoleo para su esposo muerto en Batac, Ilocos Norte, donde hasta ahora está, en un ataúd de cristal, todavía de cuerpo presente.

La presidencia de Ferdinand Marcos sigue siendo objeto de demonización por parte de la prensa afín a los intereses ocultos de EDSA y el neocolonialismo, pero el pueblo filipino, dándose perfecta cuenta que la supuesta revolución popular en nada mejoró su situación, empieza a reconocer la prosperidad que existía cuando Ferdinand e Imelda Marcos estaban en el poder. Hasta la fecha, no se ha logrado señalar contundentemente quién es el que mandó matar al Senador Aquino, pero todos saben que el que le dio muerte temprana a Ferdinand E. Marcos es el neocolonialismo, que tiene a Filipinas bajo su injusta férula hasta ahora.

12. CORAZÓN COJUANGCO DE AQUINO (1933-2009)
La primera presidenta de la V República

José Rizal, el héroe nacional de Filipinas, había escrito una famosa carta a las mujeres de Malolos, provincia de Bulacán, alabándolas por querer aprender el castellano. Entre aquellas mujeres figuraban dos, o tres, que llevaban el apellido de Cojuangco. Y es que el pueblo de Malolos estaba compuesto de dos sectores. El sector de naturales, compuesto por residentes puramente tagalos, y el sector de mestizos, o el Parián, compuesto por residentes mestizos de chino y tagalo o, a veces, de chino y de mestizo de español. La mezcla de chino, tagalo y español daba lugar a la clasificación de "mestizo terciado".

Los frailes españoles, fundadores de dicho pueblo, habían casado a varios emigrados de China, convertidos al catolicismo, a igual número de mujeres tagalas para que formasen familias estrictamente católicas y educadas en español. Los chinos cristianos, ya clasificados como mestizos, utilizaron los respectivos nombres de sus padres chinos añadiendo al final de tales nombres el sufijo "co" que, para españoles y tagalos de aquel tiempo, significaba "un señor

Corazon Aquino.

cuyo negocio estaba relacionado al comercio de los galeones", que iban y venían entre Manila y Acapulco, México. De esa forma, si el padre o abuelo chino se llamaba Huwang Kho (Huwang siendo el apellido y Kho el primer nombre), de ese nombre entero se formaba el apellido, ya hispanizado, de "Cojuangco".

Hasta nuestros días, quiénes visiten el bonito e histórico pueblo de Malolos (hasta ahora cabecera de la provincia de Bulacán), se dará cuenta que el antiguo sector de mestizos, que está a la derecha de la iglesia del pueblo, todavía tiene grandes mansiones que hablan de la opulencia en que se vivía en tal sector o parián. A la izquierda de la misma iglesia, no se encuentran casas o mansiones igual de antiguas, porque el sector de naturales, o de tagalos puros, tenía casas "de sencilla construcción", es decir, de bambú y palma de nipa.

Aunque corrientemente se diga que los Cojuangco son oriundos de Concepción, provincia de Tarlac, una vieja tradición oral nos dice que los Cojuangco de Tarlac descienden de un Cojuangco que se escapó de Malolos, porque había prestado dinero de varios otros residentes de dicho sector y, al no poder cancelar dichos préstamos, tuvo que marcharse de ese pueblo para probar fortuna en otra provincia, la provincia vecina de Tarlac.

En Tarlac se habla de un Cojuangco que tuvo por negocio la venta de leña y carbón. Una fuente habla de un tal Melencio Cojuangco, cuya hermana Ysidra fue recipiente de un depósito considerable en oro y plata que el Gral. Antonio Luna (su novio, dicen) de la Primera República de Filipinas, le había dado para guardar. Dicho oro y plata formaban parte de la reserva de dicha República, custodiada por dicho general y un Capitán Servillano Sevilla. Ysidra, no sabiendo qué hacer con semejante depósito, lo entregó todo a su hermano Melencio que, a su vez, lo enterró en el pozo que tenía en el jardín de su casa. El Gral. Antonio Luna no pudo volver para retirar el depósito, porque lo habían asesinado en Cabanatuan, Nueva Écija, por maniobra del espionaje americano que trabajaba junto a las fuerzas de invasión usenses en Filipinas, en contra de la República de 1896 y 1898.

Al caer la República, cuya capital en aquella etapa era Malolos, los hermanos Cojuangco de Tarlac se quedaron con el depósito, que luego les sirvió, se dice, de base para hacer su fortuna. En Malolos, las fuerzas invasoras del Gral. Arthur MacArthur confiscaron el tesoro de dicha república que, según la segunda mujer del pintor Juan Luna, Soledad Vital, valía más de cien billones (mil millones) de dólares americanos en aquel tiempo.

Es a fuerza de esta historia que el Presidente Marcos, nos dicen, mandó encauzar una querella por "dinero malhabido" en contra de los Cojuangco de Tarlac que, a su vez, sostenían las ambiciones presidenciales de Benigno "Ninoy" Aquino, el marido de María Corazón Cojuangco Sumúlong de Aquino.

El mencionado Melencio Cojuangco tuvo dos hijos. El primero fue José, que se casó con Demetria Sumúlung, hija del famoso jurisconsulto y famoso escritor en español, Don Juan Sumúlung. El segundo fue Eduardo, que se casó con una americana apellidada Murphy. María Corazón Cojuangco y Sumúlong es hija de José Cojuangco que, en su tiempo, fue miembro de la Asamblea Filipina.

Por otro lado, el famoso industrial, *crony* del Presidente Marcos, Eduardo Cojuangco y Murphy, es hijo de Eduardo Cojuangco y la referida dama americana. Pero los hermanos José y Eduardo estaban malavenidos por alguna razón no dilucidada. Algunas fuentes insinúan una disputa sobre herencia.

Este es el trasfondo familiar de Corazón Cojuangco, luego señora de Benigno Aquino. De familia hacendera, latifundista y de políticos que se hacían ricos por la política al estilo americano, fue natural que la niña Cory se matriculase en escuelas y colegios de familias pudientes. Además de las escuelas locales de monjas ya agringadas, como la de Santa Escolástica y la Asunción, para agringarla más aun, se le envió a estudiar en EE.UU. en colegios como los de *Ravenhill Academy* en Filadelfia, cuyo "mérito" es, al parecer, el de haber tenido a Grace Kelly, actriz hollywoodiense y luego desgraciada princesa de Mónaco, como alumna.

También estudió en *Notre Dame Convent School* y en el *College of Mount Saint Vincent* de Nueva York. En 1953 terminó el titulo de Bachiller en Artes con especialización en francés y en matemáticas. Su biógrafo wikipedista en inglés dice que tenía por meta ser maestra de matemáticas e intérprete en francés. Por la supuesta educación que tuvo, es obvio que Cory Cojuangco se desconectó casi totalmente de la cultura de sus padres y abuelos, cuyo idioma era el español.

No son pocos los que se han fijado en la falta de conexión cultural que Corazón tiene con sus antepasados, empezando con su propio padre (el asambleísta José Cojuangco) que deliberaba en español, y con su abuelo materno, Juan Sumúlung, jurisconsulto y político, además de escritor, que tan solamente discurría en idioma español. La educación que Corazón recibió en inglés la alejó, de hecho, del idioma de sus antepasados, el castellano. Y aunque no hay nada de malo, por cierto que su especialización fiese en idioma francés, su abandono del castellano, tan solamente demuestra que su *mis-education* en inglés la habían entorpecido en cuanto a sus valores culturales e idiomáticos. Y este alejamiento y entorpecimiento frente a —o falto de sensibilidad por— la tradición filipino-hispana de su propia familia, se habría luego de manifestar cuando consintió que se suprimiese la oficialidad como la docencia del idioma español en la defectuosa constitución que mandó luego escribir (en 1986), apenas subida de presidenta de Filipinas por un motín, la revolución de EDSA, influida por el neocolonialismo imperante.

Corazón Cojuangco iba a cursar derecho en la Universidad Far Eastern cuando Benigno Aquino le pidió la mano en 1954. El hecho de querer cursar derecho no indica que Cory fuera una chica reservada, vergonzosa y humilde, como siempre se le ha querido dibujar ante el público filipino. Pero al casarse con el político procomunista como Aquino, es verdad que nunca figuró en las campañas y exposiciones políticas de su esposo, pero lo de quedarse bajo la sombra del esposo político y locuaz, tampoco quiere decir que esa situación la reste un ápice de su obvia inclinación por la política y "el servicio público".

Pero igual que Ferdinand Marcos y los filipinos subsirvientes, cuando no esclavos, de los *wasp*, María Corazón también optó por el nombre americano de "Cory", por considerarlo aceptable en una sociedad que quería ser *American citizen*, aunque los americanos jamás aceptasen que Filipinas fuese un estado más de la *American Union*. En breve, la dañina mentalidad colonial, impuesta por la fracturada educación en inglés sobre la generalidad de los filipinos pudientes, es también un timbre denigrante, y dañino, compartido por Cory.

Por otro lado, los asesores de relaciones públicas que la vendían al electorado filipino, la presentaban como una "mera ama de casa que nada sabía de política". Esta imagen es totalmente falsa, porque la Cory era hija de un político, José Cojuangco, nieta de otro político, Juan Sumúlung, y esposa de otro político, Benigno "Ninoy" Aquino. Y ahora, es madre de otro político, Benigno Simeón Aquino. ¿Cómo no ha de saber sobre política, estilo usense, si estaba rodeada de políticos de ese estilo desde que nació?

El político filipino americanizado es la invención más dañina traída sobre Filipinas por el neocolonialismo *wasp*, porque estos entes no sirven al pueblo filipino para nada. Son la ruina moral y económica del pueblo filipino. Sólo sirven los oscuros y satánicos intereses propios, personales, y los del vampiro neocolonial.

Y el otro hecho de consentir que el cadáver, aun sangriento y sin limpiar, de su asesinado esposo Ninoy, se pasee por todo Manila por un camión abierto en forma de un desfile político, bien indica que ella y su familia saben mucho de política local e internacional. Pues mirándolo imparcialmente, lo de exponer el cadáver aun sangriento del asesinado Ninoy en desfiles cuasi necrológicos en todo Manila, no podría tener otro objetivo más que soliviantar los ánimos del incauto pueblo para que, a la postre, la votaran emocionados presidenta en lugar del incumbente Ferdinand E. Marcos.

Desde luego que esta manera de llevar a cabo una "campaña política" no tenía precedentes en la historia de la *Philippine politics*. Nadie por cierto esperaba que la necrofilia también interviniese de esa manera, tan original, en lo que es la política sucia de la hoy democrática *Republic of the Philippines*.

De todos modos, el objetivo de deponerle del poder a Ferdinand Marcos, y a su esposa Imelda, se logró con la necrofilia y la ayuda manipuladora de la comisión de elecciones y del neocolonialismo *wasp* en su prensa sensacionalista acentuada más aun, en aquel tiempo, por el uso del vídeo en agraz, marca *"Betamax"*.

Y Cory subió, al final, al palacio presidencial de Malacañan como presidenta inelecta, puesto que fue la euforia popular de solamente una parte de la clase media filipina, esclava del neocolonialismo, la que la llevó inmerecidamente a esas alturas. La juraron apuradamente en el Club Filipino el febrero de 1986.

Por un lado, las masas filipinas apenas participaban en todo este barullo. Estaban a un lado de meras espectadoras. La Iglesia Católica Romana, encabezada en aquel entonces por el popular Cardenal Jaime L. Sin, Arzobispo de Manila, encubría, a sabiendas o no, la manipulación neocolonialista que el mismo Vaticano criticó, y bien acertadamente, en más de una ocasión. Y es por eso que la Cory ya venía apareciendo, mojigatamente desde luego, "como una Santa" a pesar de mostrarse compañera de los alzados comunistas locales. Hubo algún filipino despierto que se burlaba de ella llamándola "Santa Cory".

Apenas subída de presidenta, la denominada "sencilla y humilde y reservada ama de casa", declaró "revolucionario" su gobierno e impuso una *freedom constitution*, haciéndose de hecho nada más que una dictadora más muy a la manera con que se le atribuía a Marcos el titulo de dictador. Organizó la PCGG (*Presidential Commision on Good Government*-Comisión Presidencial para el Buen Gobierno) para que se confiscase todo lo que se sospechara "riqueza malhabida" por los Marcos y sus *cronies* ("compinches"). Con la PCGG también ordenó que se formase una COM-CON (*Constitutional Commision* o Comisión Constituyente), cuyos cincuenta miembros ella misma nombró "por ser sus amigos", para que se escribiera una nueva ley orgánica o constitución, la que ahora es la *Cory Constitution of 1987* que todos los presidentes después de ella, particularmente Fidel V. Ramos, han querido enmendar por ser sumamente defectuosa en sus cláusulas económicas y políticas.

La PCGG, de forma casi anárquica, vino confiscando propiedades que no eran de Marcos y, a la postre, no ha recuperado casi nada substancial de la supuesta riqueza malhabida de Ferdinand e Imelda. Es obvio que la venganza contra los Marcos fue la política principal de la administración de la Presidenta Aquino, poniendo de lado la necesitada rehabilitación nacional.

Para llamar la atención de la gente, la Comisión Constituyente nombrada por Cory C. Aquino, levantó la liebre del prejuicio en contra de España y del idioma español. Esta posición adoptada por la Presidenta Cory y sus seguidores, los denominados "corystas", era para complacer y zahumerir a los neocolonialistas *wasp*. La Presidenta Cory les daba a los sectarios americanos la gran oportunidad de terminar, de una vez por todas, con el idioma español en Filipinas, al quitarle su estatus oficial y su poca docencia de cuatro asignaturas en el nivel universitario. Así lo vislumbraron los maestros y profesores de español y todos los filipinos de habla hispana que seguían este paso hispanófobo e irracional.

Además de complacer a los neocolonialistas, Cory y sus seguidores querían obtener el voto de los incautos estudiantes para su propuesta constitución. Para lograr este objetivo, Cory y su bando pusieron a la cabeza de esta emboscada en contra del idioma español en Filipinas al hermano FSC, Brother Andrew González, presidente en aquel tiempo de la Universidad De La Salle de Manila. El miembro de la Comisión Constituyente que apadrinó este movimiento en contra del idioma español también era un profesor de la misma De La Salle University, de nombre Wilfrido Villacorta.

Efectivamente, el citado Brother Andrew, mandó publicar en el órgano estudiantil de su Universidad, *The Lasallian*, una gacetilla por la que avisaba al estudiantado que la enseñanza compulsoria del español se descartaría del programa de estudios terciarios si cada estudiante votase a favor de la *Cory Constitution* en el plebiscito nacional que se aproximaba. Añadía, dicha gacetilla, que al descartar las cuatro asignaturas de español del programa de estudios universitarios, los estudiantes se ahorrarían mucho dinero, tiempo y esfuerzos ya que, opinaba dicha gacetilla, que "el idioma español no tiene ninguna importancia para el desarrollo filipino".

La nueva ley orgánica denominada como la *Cory Constitution of 1987* se aprobó de hecho en aquel plebiscito plagado de fraudes electorales. La referida constitución tenía "una secreta provisión transitoria", que el pueblo en general desconocía, por la que se le elegía presidente de Filipinas por seis años más a Cory C. Aquino al aprobarse por voto de mayoría dicho *constitutional draft* (borrador constitucional). Y, al aprobarse de hecho, en aquel plebiscito fraudulento, dicho borrador de la propuesta ley orgánica, Cory también ganaba la presidencia del país. En efecto, el plebiscito para la aprobación de la *Cory Constitution of 1987* resultaba ser, a la vez, unas elecciones presidenciales con solamente una candidata para ese alto puesto en la persona de la misma Cory. Este fraude fue luego denunciado por varios sectores filipinos que vieron el truco envuelto en aquel plebiscito nacional de 1987.

Por su parte, el Brother Andrew González resultaba ser miembro de la junta del *Summer Institute of Linguistics* o SIL ("Instituto Veraniego de Lingüística"), un organismo de oscuros fines. Como premio por su labor en contra de este idioma, se le nombró al referido Brother Andrew, secretario del Departamento de Educación, Cultura y Deportes (DECS) del gobierno. Pero el Brother Andrew no tardó mucho en ese alto puesto. Fue prontamente acusado de malversar, o malemplear, fondos del DECS, para comprarse coches de lujo, por el que se le destituyó ignominiosamente. Fue además multado con ciento veinticuatro mil pesos (₱124,000) como castigo, además de la sumaria destitución como secretario de educación. Se cumplió en él un viejo vaticinio por el que se le castiga con la mala suerte, o un karma negativo, al filipino de alguna prominencia social o política, amén de religiosa, que se pusiere en contra de la preservación del idioma español en Filipinas. Unos dos o más años después, el dicho Brother Andrew murió decepcionado y triste, a pesar de hablar inglés con el *Stateside twang*, o esa nasalidad muy característica entre los gringos.

Un repaso del contenido de la *Cory Constitution* de 1987 revela que tiene muchas provisiones antifilipinas. Entre ellas, está una cláusula que prohíbe la industrialización del país. Hay otra que disminuye la extensión de las fronteras marítimas del archipiélago mar afuera, razón por la que las Islas Spratley se encuentran ahora fuera de la jurisdicción de Filipinas y que China las apropió. Otra cláusula defectuosa es la autorización dada a solamente la Cámara de Diputados para convertirse en una Asamblea Constituyente, excluyendo adrede al Senado, que más tarde enmiende o cambie la actual constitución de 1987.

El gobierno de la Presidenta Aquino también queda señalado por cometer muchos errores que redundan en contra de los intereses filipinos. Entre esos errores figuran la venta de la gasolinera Petrón a una transnacional gasolinera relacionada a la Caltex y a la Shell, la devolución de Meralco y la red televista ABS-CBN al clan de los López, la suspensión de la planta nuclear de Bataan en su meta de generar electricidad barata para Filipinas, (por lo que se tuvo que volver a la generación de dicha electricidad a base de turbinas, que sólo funcionan a base de gasolina), y, al final, una fallida reforma agraria que exceptúa de dicha ley la subdivisión de la Hacienda Luisita de los Cojuangco entre los campesinos que lo trabajan desde ya mucho tiempo.

Varios sectores del pueblo filipino también se dieron cuenta de la política de la venganza irracional que le caracterizaba, al parecer, a la Presidenta Cory, aun en cosas pequeñas. Por ejemplo, mandó arrancar plantas y arbustos ya lozanos del Bulevar Roxas de Manila

por el mero hecho de que dichas plantas y arbustos fueron planta-
das paralelas a esa avenida por orden de Imelda Marcos, entonces
gobernadora de Metro Manila. Y como Imelda Marcos se presentaba
como la protectora de las artes, la Presidenta Cory anunció que "las
artes" no constituyen "una prioridad de su gobierno". Para colmo
de males, el gobierno Cory dejó de mantener el Centro Cultural de
Filipinas, el Palacio en el Cielo (*Sky Palace*) en la ciudad de Tagay-
tay, Cavite, la limpieza de las calles de Manila al desbandar a las
brigadas de barrenderas de Imelda Marcos denominadas "*Metro
aide*". Y otras cosas por ese estilo. Estas pequeñeces le restaron a
la larga mucha popularidad a la Presidenta Cory.

El adrede abandono de la planta nuclear, levantada por Marcos
en Bataan con el fin de generar electricidad barata para el país, resultó, como indicamos, a la vuelta de las turbinas a base de gasolina
americana para que la Meralco distribuyese electricidad a precios
exagerados y cuestionables. En unos momentos de sobriedad, la
Presidenta Cory, al parecer, tuvo desacuerdos con estas empresas
petroleras y, para darle lecciones "de humildad", estas empresas
redujeron el suministro de la gasolina, lo cual se tradujo en falta
de electricidad. Como resultado, Metro Manila experimentó una
racha de apagones que duraban días, y hasta más de una semana,
que afectaron todo tipo de negocios. Hasta la comida refrigerada en
los hoteles se pasaba. La carne importada se pudría. Y no se podía
usar ni ordenadores, ni televisión, ni radio, ni aires acondicionados.
Los apagones generaron la desesperación en el pueblo castigado. El
turismo sufrió tremendamente. Las fábricas que operaban a base
de electricidad pararon de producir. La prensa, controlada después
de todo por el referido neocolonialismo, llegó a llamar a la Cory
the *Blackout Queen* o "la reina de los apagones". Pero, la venta
de generadoras privadas registró aumentos. Y así, en cada calle de
la *downtown* Manila, se veía a la puerta de cada establecimiento
de comercio una generadora expidiendo humo y un ruido infernal.

Algún que otro lacayo del neocolonialismo empezó a caracterizar
a la Presidenta Cory como intractable, es decir, huraña, intratable,

ingobernable, terca, obstinada, refractaria. Un allegado de la embajada usense en Manila tuvo la misma opinión sobre Cory. Entre varios elementos de la opinión pública se empezó a sospechar que la Presidenta Aquino se dio cuenta que los verdaderos asesinos de su esposo había sido la inteligencia americana. Ofendida, pero aun reservada, empezó a desoír los dictados del Departamento de Estado allende los mares. En un momento de "nacionalismo", la Presidenta hasta ordenó que el idioma tagalo se usara a la par del inglés en aquellas regiones filipinas, como las Visayas, donde se mantenía otro vernáculo indígena. La Presidenta, al parecer, también se puso algo en contra de las bases militares de los americanos en Filipinas. Y estos asomos de "rebeldía corysta" no se podían tolerar en Washington D.C.

Al Presidente Marcos también se le recuerda por haber reducido los años por los que a EE.UU. supuestamente se les arrienda las bases militares en Filipinas. Marcos había reducido los cien años de arriendo a veinticinco. Más tarde, Marcos redujo más aún esos veinticinco años a solamente cinco, pidiendo un alquiler más alto de lo que se había estipulado. Por lo visto, la Presidenta Aquino no quiso hacer más préstamos a los bancos usenses, ya que ella misma le había condenado al Presidente Marcos por hacer grandes préstamos a dichos bancos, elevando la deuda extranjera a más de cincuenta billones de dólares. Marcos, poco antes de las elecciones *snap*, había rehusado pagar a dichos bancos usenses, cuestión que les enfureció en contra suya. La Presidenta Aquino, aunque indignada de tanta deuda extranjera, para quedar bien con los americanos, anunció, sin embargo, que su gobierno pagaría la deuda extranjera con sus intereses.

En resumidas cuentas, la Presidenta Aquino se vino mostrando *intractable* ante los "consejeros" *wasp*, a tal punto que les habría enfurecido sobremanera. Desde luego que este enojo, por parte de dichos "consejeros", no se manifestaba más allá de unas palabras bien medidas. Pero cuando el mismo ejército filipino montó lo que pareció ser un verdadero golpe de Estado en contra del gobierno de la Presidenta Aquino, los filipinos que piensan, inmediatamente concluyeron que, valiéndose del poder que la CIA siempre ha tenido sobre el ejército filipino, unos militares locales encabezados por el Coronel Gringo Honasan, habían sido "aconsejados" a montar dicho golpe "para amedrantar a la Mrs. Aquino" en Malacañan. Gringo Honasan salió a las calles del centro comercial de Makati y en el Campo Aguinaldo con tanques de guerra y con soldados armados dando tiros y echando granadas de mano.

Este ruidoso golpe de Estado que, además, se podía oír por la radio, donde un altamente nervioso Gringo Honasan, con una voz atiplada iba dando órdenes, consiguió su meta. La Presidenta Aquino pidió "ayuda militar" de la cercana base aérea usense, Clark Air Base, en la vecina provincia de Pampanga, para que se le echasen algunos misiles al Coronel Gringo Honasan y seguidores. Dos de esos poderosos aviones *jets* salieron volando de inmediato sobre el Campo Aguinaldo, lanzando dos o tres misiles, los cuales dispersaron a los seguidores de Honasan. Y éste, ya abandonado en esa zona, la cual comprende la subdivisión lujosa de *White Plains* detrás del Campo militar Aguinaldo, fue, nos dicen, luego recogido por un helicóptero usense "tras haberse rendido". Este hecho convenció a los que piensan que el "golpe de estado" contra la Presidenta Aquino es otro producto *made in the U.S.A.*

Por otro lado, lo que le sacó verdaderamente de quicio a la Presidenta Aquino fue el comentario del periodista y comentarista Luis Beltrán (1987), diciendo que ella "se escondió debajo de la cama cuando oyó los tiros disparados por los que le organizaron el golpe de Estado". Presentó una querella por libelo en contra del periodista Beltrán. Llegó al extremo de sentarse en el banquillo de un tribunal de primera instancia (*regional trial court*) para declarar en contra del mencionado periodista que, de todos modos, le venía pidiendo perdón. Pero ella enfadada, siguió adelante con el caso hasta encarcelarle al periodista. Este acto de venganza la hizo perder mucho del aprecio que el pueblo antes le tenía. Su popularidad disminuyó considerablemente y la criticaban acerbamente las masas del país.

Esto fue un verdadero atentado contra la libertad de expresión y la libertad de prensa.

Desde luego que la demanda en contra del periodista Luis Beltrán no era tan solamente por haber dicho que ella se escondió debajo de la cama. Luis Beltrán había expuesto en muchos de sus escritos la corrupción que empezó a caracterizar el gobierno de la Presidenta Aquino. Aunque a ella misma no se le acusaba de robar y aprovecharse económicamente de su alto puesto, Beltrán escribía que eran sus hermanos y sus sobrinos, su familia, su parentela, la que venía robando del erario público y abusando del puesto presidencial que ella ocupaba, para enriquecerse indebidamente. Con razón o sin ella, Beltrán subtituló a la parentela de la Presidenta Aquino como la *Kamag-anak, Inc.* o la "Parentela Incorporada".

Al final de su término presidencial, la muy católica de Cory C. Aquinó endosó la candidatura presidencial del protestante Fidel V. Ramos. Muchos miembros del clero católico se sorprendieron de este acto inesperado para ellos. Ramos es, además, primo de Ferdinand E. Marcos, al que se le acusaba de cabeza pensante del asesinato de su marido, Benigno Aquino. Mientras la Presidenta Aquino rompió con Juan Ponce Enrile, "el otro héroe de EDSA", por haber éste, supuestamente, conspirado con el Coronel Honasan para derrocarla mediante uno, o dos, golpes de Estado, el endoso a favor del mencionado Ramos fue evidentemente un acto de obediencia a los dictados de los neocolonialistas, que ya la habían domado.

En 1991, el volcán Pinatubo registró una de las explosiones más desastrosas en la historia de Filipinas. La irrupción de este volcán no tan solamente enterró el viejo pueblo de Bacolor en Pampanga, sino que inutilizó las operaciones de la base aérea de Clark, en Ángeles, Pampanga, y las operaciones de la base naval de Súbic, en Olóngapo, provincia de Zambales. Súbic era la base naval más grande de EE.UU. fuera del continente americano. Los *wasp* no tuvieron otro remedio más que abandonar, clausurar, estas dos grandes bases militares, llevando fuera de Filipinas hasta sus muy peligrosos submarinos y aviones portabombas nucleares. Pero, la

Presidenta Aquino, pensando que la generalidad del pueblo filipino no sabía que la verdadera razón de la clausura de estas dos grandes bases fue el volcán Pinatubo, quiso dar a entender que ella era la que logró echarlos de Filipinas.

La presidencia de Cory C. Aquino terminó casi indecorosamente. Durante su estancia, de más de seis años, en el palacio presidencial de Malacañan, no había logrado mandar encarcelar al cabeza pensante de su asesinado esposo. El pueblo entonces, más se convencía que los verdaderos asesinos habían sido los neocolonialistas usenses en conchaba con elementos locales relacionados al ejército filipino y al espionaje neocolonial en Filipinas.

Cuando el viejo gobierno español en Filipinas quiso hacer un ejemplo de José Rizal, no lo engaño para luego mandarlo asesinar como burda y cruelmente nos lo ha hecho el gobierno colonial de los actuales *wasp* en la persona de Benigno Aquino, el más "americanizado", aunque algo marxista, de entre los políticos de estas islas. El gobierno español le mandó arrestar públicamente a José Rizal, el más español de entre los isleños, lo enjuició públicamente bajo la jurisdicción de un Consejo de Guerra, le permitió que tuviera un abogado apto y que se defendiera de las acusaciones con que se le cargó, y al probarlo culpable, se le dieron los últimos sacramentos de la Iglesia Católica, se le paseó públicamente y en plena mañana del 30 de diciembre de 1896 desde su celda hasta el Campo de Bagumbayan (hoy parte de la Luneta de Manila) y allí, públicamente se le ejecuto. Aunque la ejecución de José Rizal fue un tremendo error político por parte de aquella administración española en Filipinas, aquel gobierno demostró que creía en sus propias leyes y en el protocolo. El actual gobierno colonial americano quiso desde un principio liquidarle a Benigno Aquino porque se atrevió a ser un *double agent* (un agente doble ahora dicen), pues estaba con los usenses y a la vez estaba con los comunistas locales enemigos de aquéllos. De allí bien podría explicarse la traición con que se le asesinó en pleno aeropuerto internacional de Manila y en pleno mediodía. Si el Presidente Marcos fuese el cabeza pensante de asesinato tan burdo, no lo hubiera hecho en pleno aeropuerto internacional y en pleno mediodía para evitar tal escándalo. Ferdinand E. Marcos tendría sus defectos, pero nadie puede decir que no fuese un hombre sabio y prudente, amén de astuto. Y son esas mismas cualidades de Marcos las que le libran de toda acusación de ser la cabeza pensante del asesinato de Benigno Aquino que, en efecto, nos dicen, es algo como un nuevo José Rizal, pero asesinado cobarde y alevosamente por el neocolonialismo imperante.

Mientras escribimos esta biografía suya, Cory C. Aquino, está muriéndose lentamente de cáncer del colon. Los que la señalan como la que suprimió adrede la docencia como la oficialidad del idioma español en Filipinas también recuerdan el vaticinio de 1840 donde se dice que aquellos filipinos de alguna prominencia que supriman el idioma español en Filipinas han de tener "un fin lento y violento". Cory C. Aquino es otra filipina más que es víctima del neocolonialismo usense que, por cierto, la vino controlando y engañando ignominiosamente.

Desde luego que nos unimos a los que ahora van orando por ella.

13. FIDEL RAMOS Y VALDEZ (1928-)
El presidente metódico y metodista

No hacía ninguna falta ser católico cerrado para extrañarse de cómo una católica, supuestamente devota como la Presidenta Cory C. Aquino, pudiera endosar como su candidato presidencial, y sucesor, a un individuo como Fidel Ramos y Valdez. Después de todo bien se puede decir, por otro lado, en que Corazón C. Aquino, estaba sumida, en esos momentos, del espíritu "ecumenista" sugerido por el neocolonialismo.

Pero también está otro hecho, ya que Ramos es primo de segundo grado de Ferdinand E. Marcos, al que ella acusaba de haber mandado asesinar a su marido, Benigno Aquino. ¿Cómo se pudo olvidar de ese significativo pormenor?

Otra consideración que también debemos tener en cuenta es el hecho de que Ramos era un alto militar en el gobierno de *martial law* del Presidente Marcos. Y lo fue en varias capacidades militares durante más de veinte años. De hecho, Ramos era el alto comandante de la costabularia durante la vigencia de la ley marcial del

Fidel Ramos.

Presidente Marcos. El secretario de defensa durante ese mismo tiempo era Juan Ponce Enrile. En resumidas cuentas, Ramos con Ponce Enrile, eran los carceleros de Benigno Aquino. No eran pocos los corystas que señalaban que "como viuda de éste mártir, Corazón Aquino, no debía de haber tratado ni con Ramos ni con Ponce Enrile".

Pero el neocolonialismo *wasp* sobre Filipinas había tejido redes demasiado poderosas. Y es por eso que, cuando el Presidente Marcos, se les hizo intolerable a los intervencionistas usenses, éstos se valieron de Ramos y de Ponce Enrile para traicionarle, aunque estos dos personajes formaran parte del inmediato "círculo de poder" del mismo Marcos.

En nada sirvió el hecho de que Ponce Enrile y Ramos fuesen ambos ilocanos como Marcos, puesto que a la menor indicación del colonialista, esta pareja no vaciló en alzarse contra Marcos atrincherándose en los campos militares de Aguinaldo y Crame para declarar un golpe de Estado en su contra.

Otro que quiso hacer el papel de esbirro del neocolonialismo fue el Cardenal Jaime L. Sin, el Arzobispo de Manila, que por la Radio Véritas llamó al pueblo católico para que se concentrase por miles en la avenida EDSA, la circunvalación de Metro Manila (avenida que corre entre los dos campos militares mencionados). El incauto pueblo católico allí concentrado tenía por supuesta meta proteger con sus cuerpos a los dos "atrincherados". Entre ese "pueblo" estaban monjas, sacerdotes y seminaristas jóvenes.

Desde luego que el Cardenal Jaime L. Sin también participó en esa rebelión, por su animadversión contra Imelda Marcos. Y es porque ésta había hecho algunos comentarios sobre sus intromisiones en la política filipina. Y aunque Imelda tendría una buena base legal para hacer esos comentarios sobre la separación de la Iglesia y el Estado, el Cardenal dijo que se entrometía en la política porque no dejaba de ser filipino. Verdad. Era filipino de hecho. Pero siendo religioso no pagaba los usuales impuestos del ordinario votante. De todos modos, la intervención del Cardenal favoreció, a la postre, a nadie más que al neocolonialismo *White Anglo-Saxon Protestants* sobre Filipinas. También favoreció, desde luego, a las ambiciones políticas de Cory C. Aquino, aunque a la larga perpetró un terrible daño al concepto justo de la independencia filipina, amén de sus economías, y sus derechos humanos. Como resultado de esa intervención del Cardenal Sin, la inmensa mayoría del ahora empobrecido pueblo filipino vive castigado por los altos costos confiscatorios de la electricidad de la Meralco, la gasolina de la Shell, la Caltex y la Petrón, además de la medicina, el alimento y todas las demás necesidades de la vida corriente.

Este trasfondo contencioso y costoso para la generalidad del pueblo filipino también le favoreció a Ramos en sus ambiciones políticas porque, a pesar de ser Protestante, estaba llevando acuestas una imagen de la Virgen de Fátima. Desde luego que no faltó algún observador que dijo que la imagen de la Virgen de Fátima nos la estaba usando, el referido Ramos, como "un ídolo anito prehispánico" de Filipinas, porque la utilización de la simbología católica en un golpe de Estado, estrictamente político, tenía que ser toda una blasfemia. Y esa misma blasfemia más se acentuó cuando luego se inventó a la *"Our Lady of EDSA"*, una supuesta imagen de la Santísima Virgen María, la Madre de Jesucristo, pero con el rostro ordinario de la Sra. Cory C. Aquino. Por esta obvia invención del Cardenal Sin y hasta de Ramos, muchos católicos perdieron la fe en la sinceridad del clero filipino, tanto sacerdotes como monjas, que se acostumbraron a meterse en controversias de partidismo político donde no les incumbe figurar. Hubo hasta sacerdotes que cobraban impuestos para el gobierno de la Sra. de Aquino, *nagpapapel*. Eso quiere decir que, ahora, la Iglesia Católica de Filipinas, en su clero local, quiere desempeñar un papel político, y hasta burocrático, que no le pertenece.

El terreno donde debiera meterse el clero católico es en el de la docencia, y la ilegalidad antipedagógica de imponer el inglés como único medio de instrucción, incomprendido por niños filipinos que no nacen hablando este idioma extranjero. Antes que el inglés, lo que debiera usarse para la educación de los incautos niños en la primaria y en la elementaria, particularmente en escuelas y colegios católicos de Filipinas, son los idiomas indígenas de estas islas. Pero es este mismo clero el que ni se percata del daño pedagógico que el inglés obligatorio hace en los inocentes párvulos filipinos. Y así ocurre, porque el clero filipino de hoy está pecaminosamente americanizada en su formación en los "nuevos seminarios" donde sus maestros ya desnacionalizados, no les hablan ni en español, ni en tagalo, sino nada más que en inglés.

Se ha descubierto además en estudios muy recientes que son muchos los seminaristas sin verdadera vocación religiosa los que se meten en esos seminarios, porque tan solamente aspiran a pasarse a vivir en EE.UU., como cualquier otro filipino indebidamente sajonizado. Y es porque, a diferencia del clero que había en estas islas durante el tiempo español, los de ahora han aceptado ser, a sabiendas o no, esbirros de una potencia protestante que luego, en nombre de la democracia malentendida, les va despistando. Cuando el gobierno neocolonial les vaya quitando, en lo sucesivo, a las órdenes religiosas y al clero en general, todas las propiedades y bienes que sus antecesores españoles les legaron para su actual comodidad y holganza mundanal, queda la posibilidad que entren en razón y repudien el idioma inglés obligatorio y todo este explotador neocolonialismo que contrae su *mis-education*, y su servilismo al materialismo.

Pues bien, Ramos presentó su candidatura para presidente de Filipinas, pero a pesar de su supuesta popularidad entre los neocolonialistas *wasp*, el pueblo no le votó mayoritariamente. Al principio Ramos era miembro del Partido LDP (Lucha del Filipino Democrático o *Laban ng Demokratikong Pilipino*). Pero cuando declaró su candidatura para presidente, los miembros de este partido no le eligieron. Eligieron al entonces vocero de la Cámara de Representantes Ramón Mitra hijo. Días después de perder estas elecciones de partido, Ramos dimitió del LDP y formó su propio partido político, el *Lakas ng Tao* (*People Power Party*-Partido del Poder del Pueblo) por el que declaró su candidatura presidencial, teniendo al cebuano Mario Osmeña de candidato vicepresidencial. Siendo políticamente débil, Ramos se vio obligado a formar una coalición con el partido político fundado por otro vocero de la Cámara de Representantes, José de Venecia, que, como él, es también oriundo de la misma provincia de Pangasinán.

El partido político fundado por José de Venecia fue el NUCD (*National Union of Christian Democrats*-Union Nacional de Demócratas Cristianos) que, a su vez, se unificó con la UMDP de Simeón Datumanong (*United Muslim Democrats of the Philippines*- Demócratas Musulmanes Unidos de Filipinas). Pero cuando terminaron las elecciones entre sendos candidatos presidenciales, Ramos obtuvo tan solamente el 23% de los votos. Su vicepresidente perdió la vicepresidencia ante el que luego sería el presidente del país después de Ramos, Joseph Ejército Estrada. Desde luego que no faltaron comentarios insinuando que Ramos se ganó la presidencia, con los usuales fraudes electorales que bien explican su margen, bien pequeño.

La popular candidata presidencial, luego senadora, Miriam Defensor Santiago, hasta ahora declara que Ramos la engañó en aquellas elecciones. Con este resultado electoral, el neocolonalismo *wasp* consiguió que Filipinas, por primera vez, tuviera un protestante de presidente, en contra de la voluntad de la mayoría católica que no le dio el voto, porque le miraban como otro pro-americano dispuesto a endeudarles más y más a los conocidos bancos prestamista, que imponen sus deseos egoístas sobre países deudores, como Filipinas.

Aunque nació el 28 de marzo de 1928, los padres de Ramos no preservaron nada de la tradicional cultura filipina en su familia. Al abrazar el Protestantismo se americanizaron casi por completo aunque su padre, Don Narciso Ramos (1900-1986) conocía el idioma español. Tenía que hablar español porque la Cámara de Representantes a la que perteneció durante veinte años aun deliberaba en este idioma. Su pro-americanismo le facilitó luego el alto puesto de secretario de Asuntos Exteriores ya que, como queda denunciado por el Senador Claro M. Recto, los asuntos exteriores de Filipinas estaban controlados por el Departamento de Estado en Washington D.C.

Los seguidores de Ramos alegan que Filipinas registraba un crecimiento rápido en el terreno de las economías. Pero esta alegación también quedaba desmentida por otros analistas que calificaba dicho crecimiento como insignificante, o como "una mentira". Se le censuró a Ramos por ser, hasta entonces, el presidente que más viajes al extranjero dio. También se le registra como el candidato más anciano que subió a la presidencia del país.

La molesta falta de electricidad que empezó durante el desgobierno de la Presidenta Aquino recrudeció durante la tenencia del Presidente Ramos. Según sus analistas la demanda por electricidad no podía quedar satisfecha por las ya viejas plantas eléctricas del país. La mayoría del pueblo filipino, víctima de casi interminables apagones, señaló que el Presidente Marcos tenía razón al mandar construir la planta nuclear en Bataan para suministrar de electricidad barata al ahora oscurecido país. A raíz de esta murmuración, en enero 27 de 1992, Ramos pidió al Congreso que aprobase la creación, por ley, de un departamento que produjera electricidad o energía eléctrica.

El Congreso no tan solamente creó el citado Departamento de Energía sino que le concedió al Presidente Ramos hasta poderes dictatoriales de emergencia para solucionar la crisis de electricidad. Valiéndose de dichos poderes dictatoriales y de emergencia, Ramos expidió licencias a favor de productores independientes de electricidad

(IPP) para que levantasen plantas en el periodo de tan solamente dos años, con contratos pagaderos por el gobierno filipino en dólares. Mas, cuando sobrevino la Crisis Financiera del Este del Asia (*East Asian Financial Crisis*) el peso filipino perdió la mitad de su valor ante el dólar usense, y ésta es la razón por la que la electricidad en Filipinas es hoy la más cara en todo el Extremo Oriente.

Más que economista, el Presidente Ramos fue educado para ser un militar. En 1946 se matriculó en la Academia Militar de Filipinas o *Philippine Military Academy*. De esta academia salen, hasta ahora, todos los que han de ocupar altos puestos en el ejército filipino. Pero siendo hijo de un viejo secretario de Asuntos Exteriores, tenido como muy leal a los EE.UU., Ramos logró becas en la *United States Military Academy* (Academia militar usense) en West Point, de donde se graduó en 1950. Cursó la ingeniería civil en la Universidad de Illinois, EE.UU. donde disfrutaba de una beca en 1951. En 1960 completó un curso de espionaje en la *United States Army Infantry School* en Fort Benning. Muchos señalan este pormenor como su preparación para ser un agente más de la CIA, o la Agencia Central de Inteligencia (espionaje) de EE.UU. en Filipinas.

Aunque es verdad que Ramos llegó a participar en la Guerra Coreana (*Korean War*) como cabeza de un pelotón de la Fuerza Expedicionaria Filipina a Corea (PEFTOK), aconteció que como Jefe del Estado Mayor del Grupo Filipino de Acción Civil enviado al Vietnam entre 1966 y 1968, se le señaló como un soldado que nunca luchó en ninguna frente de batalla. Esa "acusación" persistía a pesar de que, luego, también fuese condecorado con una cruz de oro por la Legión Filipina del Honor.

Pero la "acusación" persistía, aunque su conocimiento tan solamente se limitaba en el usual molino de secretos a voces. Pero, no tardó en llegar ese rumor a las columnas de la prensa local, al parecer desafecta a él. Y en dicha prensa local, se informó que Ramos "es un soldado incompleto" porque "nunca experimentó lo que es una verdadera batalla militar". Esta alegación en su contra le enfureció sobremanera y censuró severamente a los periodistas que publicaron esas "patrañas".

Por otro lado, para estar a tono con la agenda neocolonialista en contra de la Iglesia Católica de Filipinas, Ramos, a sabiendas o no, resucitó el tema sobre el heroísmo de Rizal como víctima de la "frailocracia". Por primera vez después de tantas décadas, salieron opiniones del pueblo en contra de Rizal como "héroe masón y anti-católico inventado por los protestantes norteamericanos". Se añadió además que les era preciso "reinventarle" a Rizal "para encubrir las atrocidades americanas durante su invasión de Filipinas en 1898" contra los ciudadanos de la Primera República de Filipinas. Aquella invasión *wasp* de Filipinas terminó masacrando a la sexta parte de la población filipina, o sea, casi seis millones (según el propio historiador americano Mr. James Goodno en *The Philippines: Land Of Broken Promises*, de una población de casi diez millones (en aquel tiempo), que se resistía a la insolicitada "americanización" y a la "democracia en idioma inglés".

El filipino de hogaño, según un joven historiador apellidado Ileto, se ha olvidado casi por completo de ese genocidio de civiles filipinos que defendían su Primera República invadida por EE.UU., pero que muy bien se acuerda del fusilamiento de Rizal. Y es porque el régimen norteamericano le reinventó a Rizal como héroe nacional de Filipinas, olvidándose del hecho de que los que le mandaron fusilar al mismo Rizal, esta vez según otro historiador, fueron los mismos masones filipinos que atestiguaron en su contra ante el Consejo de Guerra del Gobernador Camilo Polavieja de 1896. Ese otro historiador filipino no es nadie más que León María Guerrero, autor del libro *The First Filipino*.

Pero mientras se exonera, mediante el olvido impuesto, las atro-cidades y masacres de los *White Anglo-Saxon Protestants* contra los filipinos que defendían su República de 1896 y 1898, se le sigue culpando a España por el fusilamiento de Rizal hasta la fecha. Eso a pesar del perdón que pidió el Presidente Felipe González de Es-

22

paña al pueblo filipino durante su visita oficial a la Presidenta Cory Aquino en 1987.

En resumidas cuentas, los filipinos sensatos de nuestros días tan solamente se acuerdan de José Rizal como un "novelista masónico y anti-fraile español", amén de buen poeta en lengua española. Algún que otro joven filipino inclusive dijo que si la pena de muerte fuese abolida en España en 1896, como ahora está efectivamente abolida, que Rizal nunca hubiese sido fusilado. Desde luego, se añade, que si Rizal hubiera sobrevivido el fusilamiento del 30 de diciembre de 1896, los invasores americanos se hubiesen encargado, de todos modos, de fusilarlo o mandarlo matar a escondidas (*salvaging*), puesto que patriota como es, José Rizal estaría al frente contra el invasor juntamente con los generales Antonio Luna y Artemio Ricarte, luchando en contra del ejército invasor de EE.UU.

Al enterarse del rumbo anti-Rizal y anti-masonería, amén de anti-protestante, que la cuestión sobre Rizal empezó a tomar, el Presidente Ramos empezó a alejarse de este tema. Su postura a favor de la pena de muerte no coincidía con ninguna de sus lamentaciones en contra de la pena de muerte dada a Rizal en 1896. Pues, es un hecho que mientras la España de hogaño ya tiene abolida la pena de muerte, EE.UU., "la madre patria del Presidente Ramos", la mantiene rigurosamente vigente hasta en el tiempo presente, en pleno nuevo milenio.

El Presidente Ramos también quería, por supuesto, quitarse de encima el mote de "Amboy" (*American Boy*) ya que se sospechaba inclusive que siempre fue un *American citizen* disfrazado de filipino. Para demostrar su filipinidad, dicen sus biógrafos, quiso revivir "el espíritu nacionalista" mediante la organización de una campaña masiva para la celebración del "centenario de la independencia filipina de España" el 12 de junio de 1989. Durante esa proyectada celebración se crearía, otra vez, la oportunidad para atacar "a los opresores españoles", a la "enseñanza innecesaria del idioma castellano" y "lo retrasado que es el dogma de los católicos romanos, razón por la que los filipinos son pobres, retrasados y supersticiosos"... Y de hecho se había montado todo un tinglado para lanzar el consabido ataque. Pero lo que frustró todos estos ataques fue la introducción en televisión filipina de los culebrones mexicanos doblados al tagalo. El culebrón que cautivó por completo a las masas filipinas fue *Marimar*, donde figura la artista Talía Sodi Miranda. Las masas filipinas, entretenidas y fanatizadas por el cuento de *Marimar*, no hicieron ningún caso a la conmemoración centenaria de "la declaración del independencia de España". Y el mismo presidente, al parecer, también se olvidó de esa conmemoración centenaria. De hecho, Ramos visitó México y a España. Y, Talía vino a Filipinas dos o tres veces, y fue recibida de forma tan espectacular que hasta el mismo Ramos quiso hacerse méritos por traerla a estas islas. Cuando todo terminó, nadie hizo caso de los ataques sectarios que se programaron contra España. No duró, y el mismo Fidel V. Ramos en su visita a España pudo establecer, al parecer, "una amistad profunda" con el Rey Juan Carlos y con la Reina Sofía.

Tras el fracaso de la proyectada emboscada a la herencia hispana de Filipinas, como una venganza de los burlados hispanófobos, cargos y acusaciones de corrupción fueron lanzados en contra del Presidente Ramos por la malversación de fondos destinados a varios proyectos conmemorativos de esta efeméride. Entre los proyectos relacionados a este centenario afectados por la supuesta malversación y robo de fondos se encuentra el del Centennial Expo y el de un anfiteatro en la anterior base aérea usense en la ciudad de Ángeles, Pampanga. Estos proyectos terminaron siendo controvertidos hasta después de muchos años porque se perdió —desaparecieron— nada menos que nueve billones de pesos, o el 1.7 por ciento del presupuesto nacional de 1998.

A guisa de proponer cambios constitucionales para Filipinas a fin de que sea "este país" supuestamente más competitivo económicamente, más globalizado, más fácil de gobernar, el Presidente Ramos sugirió que el gobierno empezase cuanto antes con un proceso encaminado hacia la enmienda de la Constitución Cory de 1987. Las enmiendas para esta Ley Orgánica, según él, tenían que completarse en el año 2007.

El Presidente Ramos apoyaba la transformación del sistema político actual (que es presidencial y bicameral), a otro que fuera parlamentario y unicameral, camino hacia un sistema federal a la postre. Este apoyo, por él expresado, levantó muchas sospechas, porque se veía, en esta propuesta suya, un vehículo por el que Ramos podría continuar su intervención extra-legal en asuntos del gobierno filipino. En otras palabras, se le veía al Presidente Ramos como nada más que un agente de Estados Unidos dentro del gobierno filipino.

Las enmiendas que él proponía a la citada constitución de 1987 también parecían estar enderezadas a frustrar de antemano cualquier enjuiciamiento en contra de él, en lo sucesivo, por las desapariciones de fondos del gobierno en grandes y sonados escándalos de corrupción sobre las varias transacciones relacionadas al referido Centennial Expo, la transacción ruidosa sobre el "PEA-Amari" y las transacciones que su administración hizo con la Benpres-*North Luzon Expressway*, donde millones de fondos públicos cambiaron de mano.

El Presidente Ramos intentó de hecho cambiar la constitución del país mediante un proceso conocido como "Cha-cha". Una protesta organizada por su predecesora, Cory C. Aquino y la Iglesia Católica encabezada por el Cardenal Sin, puso fin a este proyecto suyo. Todos se convencieron que Ramos quería cambiar la constitución para perpetuarse en el poder. Si hemos de creer el testimonio del asistente auxiliar del *Clark Development Corporation* ante el Comité Azul del Senado, Ramos tenía miedo que el siguiente presidente del país le mandara a la cárcel por la corrupción que supuestamente caracterizó su gobierno. Y es por eso que cuando Joseph Ejército Estrada de hecho ganó la presidencia en las elecciones de 1998, Ramos fue instrumental en la organización de la supuesta revolución EDSA II, que le puso a la entonces vicepresidenta Gloria Macapagal-Arroyo en el poder tras deponer al Presidente Estrada, para evitar que éste, de hecho, le enjuiciase.

Palacio de Malacañan, residencia oficial del presidente de la República de Filipinas.

Bajo la Presidenta Arroyo, Ramos se sentía seguro. Sorprendentemente, la revolución EDSA II fue descrita por el *International Herald Tribune* y el *New York Times* "como un golpe de Estado antidemocrático producido por Ramos, Cory C. Aquino y el Arzobispo de Manila, el Cardenal Sin, juntamente con una coalición de negociantes oportunistas y grupos de izquierdas". El Presidente Estrada nombró un cuerpo investigador tras acusarle a Ramos de conspirar en su contra, y mandó investigar el papel de Ramos en el escándalo en torno del Centennial Expo.

Para la mayoría de filipinos, el Presidente Ramos demostró ser un presidente desmerecedor de la confianza del pueblo. Muchos recordaron la desconfianza que el Presidente Marcos le tenía durante todos los años en que estuvo en el poder. En vez de hacerle su mano derecha, el Presidente Marcos prefirió confiar en el Gral. Fabián Ver.

Pero Ramos es ahora uno de los hombres más ricos de Filipinas. Mientras concluimos esta biografía suya, ya tiene ochenta y un años bien cumplidos.

www.ingramcontent.com/pod-product-compliance
Lightning Source LLC
Chambersburg PA
CBHW021224090426
42740CB00006B/371